지도

밖으로

꺼낸

# 한국사

# 지도 밖으로 꺼낸 한국사
서양 지리학자의 눈으로 본 한반도

**초판 1쇄 인쇄** 2015년 4월 20일 ＼**초판 1쇄 발행** 2015년 4월 25일
**지은이** 존 레니 쇼트 ＼**옮긴이** 김영진 ＼**펴낸이** 이영선 ＼**편집 이사** 강영선
**주간** 김선정 ＼**편집장** 김문정 ＼**편집** 임경훈 김종훈 김경란 하선정 ＼**디자인** 김회량 정경아
**마케팅** 김일신 이호석 김연수 ＼**관리** 박정래 김양천 손미경

**펴낸곳** 서해문집 ＼**출판등록** 1989년 3월 16일(제406-2005-000047호)
**주소** 경기도 파주시 광인사길 217(파주출판도시) ＼**전화** (031)955-7470 ＼**팩스** (031)955-7469
**홈페이지** www.booksea.co.kr ＼**이메일** shmj21@hanmail.net

ISBN 978-89-7483-715-0 03910
값 13,900원

이 도서의 국립중앙도서관 출판시도서목록(CIP)은 e-CIP 홈페이지(http://www.nl.go.kr/ecip)에서
이용하실 수 있습니다.(CIP제어번호: CIP2015010460)

# 지도 밖으로 꺼낸 한국사

## 한국사

서양 지리학자의 눈으로 본
한반도

존 레니 쇼트 지음

김영진 옮김

서해문집

나의 아버지 존 잉글레스 쇼트John Ingles Short(1933~1997)에게 바친다.

## 옮긴이의 말

이 책의 저자 존 레니 쇼트는 미국 메릴랜드 대학교 볼티모어 카운티 캠퍼스(UMBC)의 교수로 도시 문제, 환경 문제, 세계화, 정치 지리학 같은 주제의 권위자이며, 지도의 역사에도 상당한 식견을 갖춘 학자다. 또한 한국과 이채로운 인연을 갖고 있기도 한데, 그의 아버지 존 잉글레스 쇼트가 한국전쟁 참전용사다. 그런 계기로 그는 1993년 한국에 방문한 이래 한국 학자들과 교류를 이어 왔으며, 나아가 한국의 지도와 역사에 대한 관심 또한 키워 왔다.

　　이 책은 그런 관심과 노력의 결실이라 할 수 있다. 이 책에서 쇼트는 지도라는 특별한 주제를 통해 한국 역사의 흐름을 살피고 있다. 그의 고찰은 주로 조선 시대부터 시작되며, 오늘날에 이르기까지 역사를 지도를 통해 일관되게 풀이하고 있다. 동시에 단순히 한국 역사 안에서만 살피는 것이 아니라 동시대 서양의 지도와 그 제작법의 역사를 대비시킴으로써, 세계사의 흐름 가운데 한국의 위치가 어디쯤이었으며 한국 역사의 의미를 새롭게 이해하는 데 큰 도움을 준다. 특히 조선이라는 폐쇄적 사회 속 우리가 끊임없이 새로운 세계를 찾아 헤매던 서양과 조우하게 되는 과정을 지도라는 사물을 통해 정리한 시도는 매우 신선하면서도 효과적이다.

물론 저자가 전문 역사학자가 아니고, 특히 한국을 비롯한 동양 역사를 체계적으로 연구하지 못한 탓에 나타나는 한계도 있다. 이런 한계는 특정 연도를 잘못 기입한다거나, 일부이지만 특정 인물을 잘못 서술하는 등의 사소한 오류로 나타나는데, 다행히 옮긴이와 편집자가 어렵지 않게 바로잡을 수 있었다. 또한 임진왜란을 설명하면서 조선을 매우 수동적인 모습으로 묘사하는 등 저자의 해석 혹은 시각에 이의를 제기할 만한 부분도 있으나, 지도를 통해 한국의 역사를 통찰한다는 큰 흐름에는 전혀 지장이 없다.

오히려 서양의 지리학자라는 입장, 즉 한국인도 일본인도 아니며 역사학이 아닌 다른 학문의 권위자인 저자의 독특한 입장이 이 책의 서술에 객관성을 더해 준다고 볼 수도 있다. 이런 특징은 조선 후기, 일제강점기, 대한민국 시기에 관한 서술에서 특히 효력을 보인다. 특히 그의 객관적 입장은 남북한 문제와 더불어 독도 문제, 동해/일본해 문제라는 매우 심각한 사안을 다루는, 책의 마지막 부분에서 상당히 중요한 역할을 한다.

이 부분에서 저자는 어느 편에도 치우치지 않고 지극히 담담하고 차분한 필치로 이야기를 풀어 나가는데, 그런 객관적인 서술이 오히려 읽는 이들로 하여금 일본의 주장에 얼마나 많은 억지와 오류가 숨어 있는지를 새삼 확인할 수 있도록 해 주며, 우리가 국제사회의 일원이라는 대전제 아래 어떻게 현명하게 대처해야 하는지 냉정하게 숙고할 수 있도록 돕는다. 그런 의미에서 이 책은 독도와 동해에 관한 일본의 저의가 날로 의심스러워지는 오늘날의 상황 속에서 전문가가 아닌 일반 대중에게도 좋은 길잡이가 된다고 할 수 있다.

마지막으로, 이 책에는 전문 지리학 용어를 비롯해 번역하는 과정에서 신중을 요하는 어휘들이 더러 등장하는데, 그중에서도 가장 비중이 큰 세 어휘의 의미를 정리해 본다. 우선 이 책의 핵심 주제라 할 수 있는 'production of global space'다. 이 말은 지구상의 모든 지역을 지도로 표현함으로써 궁극적으로 지구 전체를 지도 위의 공간, 즉 하나의 공간으로 옮긴다는 의미인데, 본문에서는 대체로 '지구 공간 창출'이라고 번역했다. 예를 들자면, 한국을 지도로 만드는 것은 전체적인 '지구 공간 창출'의 일환인 셈이다. 다음으로 'cartography'다. 이 단어는 '지도 제작', '지도 제작법', '지도 제작 기술' 혹은 '제도학製圖學' 등의 사전적 의미가 있다. 그런데 이 단어의 형용사인 'cartographic'은 문장 안에서 훨씬 다양한 의미를 갖는다. 따라서 문맥에 따라 사전적 의미 외에 '지도의', '지도상의', '지도와 관련된'처럼 다양하게 번역했다. 끝으로 'cartroversy'

다. 이 용어는 특히 이 책의 마지막 부분에서 큰 비중을 차지하는데, '지도와 관련된 외교적 논쟁'이라는 의미로 해석했고, 반복적으로 사용되므로 간단히 '지도 논쟁'으로 표현하기도 했다.

이 책은 서양의 지리학자가 지도라는 독특하고도 중요한 소재를 가지고 우리의 역사를 살핀 책이므로, 독자들이 우리 역사를 다양한 각도에서 객관적으로 바라볼 수 있도록 도와주리라 믿는다.

## 들어가기 전에

이 책은 지도 제작의 역사에 관한 나의 영구불변한 관심에 뿌리를 두고 있다. 지도는 언제나 나를 매료시킨다. 지도에 대한 애정 덕택에 난 대학에서 지리학을 공부했다. 하지만 애버딘 대학교University of Aberdeen에 입학한 1969년 무렵, 지리학이 원래 갖고 있던 지도와의 밀접한 연관성은 이미 약해진 지 오래였다. 지리학의 주된 관심사는 공간모델spatial model-ing 이론이나 더 광범위한 사회적 이슈로 옮겨 가 있었다. 이런 주제도 흥미로웠기 때문에 나는 양적 엄격성quantitative rigor과 사회 비평 같은 주류적인 주제를 좇았고, 따라서 옛 지도와 나의 연애담은 휴면기를 맞게 되었다. 내가 연구와 분석의 소재로 지도를 다시 찾게 된 것은 경력 후반부의 일이다. 그리고 그때쯤에는 전공 분야인 지리학에서도 지도의 역사에 대한 관심이 재발견되고 회복됐다. 특히 브라이언 할리Brian Harley는 더욱 비판적인 적용을 장려했다. 이런 포스트모던 학파의 영향을 받아, 나는 지도 제작의 역사에 관한 개론서(《The World through Maps》, 2003)를 비롯해 미국의 지도 제작 방식에 관한 책(《Representing the Republic》, 2001), 근대 초 유럽의 공간 감각 발달에 관한 책(《Making Space》, 2004), 지도 제작 과정에서 토착민들이 담당한 역할에 관한 책(《Cartographic Encounters》, 2009) 등을 썼다. 지금 이 책도 마찬가지로 지도에 대한 상사병이라는 내 평생의 고질병이자 불치병의 연장선상에 있다.

또한 이 책은 한국에 대한 나의 아주 오랜 관심에서 비롯한 것이기도 하다. 내가 한국을 처음 알게 된 것은 젊은 시절 지구 반 바퀴를 돌아 한국전쟁에 참전했다는 아버지의 경험담을 통해서였다. 그 경험은 아버지의 인생을 바꿔 놓았다. 먼 나라에서 일어난 전쟁에서 펼쳐진 참혹한 장면들은, 안타깝게도 아버지가 전쟁의 참상을 이해하는 데 남은 인생을 몽땅 쏟아 붓도록 만들었다. 한국에 대한 나의 관심은 아버지와 나와의 영구한 연결 고리다. 스코틀랜드에서 첫 아들이 태어날 무렵, 아버지는 지구 반대편에 있는 한국이란 나라에서 죽을 고비를 무수히 넘고 계셨다. 내가 처음으로 한국을 방문한 1993년, 아주 오래전에 전혀 다른 상황 속에서 아버지가 계셨을 곳을 몇 군데 들러 보았다. 세계가 심각하게 분열되어 있던, 극단적 충돌 상황 속에서 아버지는 그곳에 계셨고, 나는 상대적으로 평화로운 때에 그곳에 있었다. 나는 한국인 친구들이 있으며, 내

책 몇 권이 한국어로 번역되기도 했고, 한국 지리학자들과 지금까지도 오랫동안 교분을 나누고 있다.

지도와 한국이라는 지대한 두 관심사는 내 오랜 벗이자 동료인 이기석의 격려에 힘입어 하나로 합쳐졌다. 2008년 8월에 튀니지의 튀니스에서 열린 제14회 해양 지명 국제세미나에서 논문 발표를 해 보라고 내게 처음 권한 사람이 바로 이기석이다. 나는 해양 지명의 지정학에 관한 논문을 발표했고 그 과정에서 지도와 관련된 한국의 표현에 대한 관심이 증폭되었다. 책을 쓰겠다는 내 제안에 한국국제교류재단은 열렬한 지지를 해 줬다. 이 재단은 전 세계의 도서관을 돌아볼 수 있도록 재정 지원을 해 줬고 원고 마감에 필요한 시간도 충분히 보장해 줬다.

지도와 관련된 한국의 표현에 관해 현재 참고할 만한 문헌은 다음과 같다. 권위 있는 문헌 중에는 이기석의 《한국의 고지도Old Maps of Korea》 (1977, 1991)도 있다. 영어 문헌 중에서는, 한국의 지도 제작 역사에 관해 가장 종합적인 정보를 제공하는 개리 레드야드Gari Keith Ledyard의 책(1994)이 볼 만하다. 한영우, 안휘준, 배우성은 서울대학교에서 보관하고 있는, 조선 왕실 도서관인 규장각 자료를 주로 활용해 간략하고도 훌륭한 삽화들이 포함된 조선의 지도 제작에 관한 책(2008)을 만들었다. 그리고 2008년 봄에 나온 《코리아저널Korea Journal》에 실린 논문 몇 편을 비롯해 더욱 자세한 연구도 있다. 하지만 한국에 관한 지도상의 표현을 총체적으로 다루거나 한국에 대한 서양의 지도학적 표현을 특화시킨 것 그리고 한국인이 아닌 독자들이 쉽게 접근할 만한 것은 볼 수 없었다.

　　나의 또 다른 중요한 관심사는 세계화다. 나는 세계화가 도시에 끼친 영향을 구체화하거나(《Globalization and the City》, 1999;《Global Metropolitan》, 2004) 세계화의 충격과 그 결과를 파악하는(《Global Dimensions: Space, Place, and the Contemporary World》, 2001) 책을 여럿 썼다. 또한 나는 '지구 공간 창출production of global place'에 매료되었고, 이에 대해 두 가지 뚜렷한 의미를 두게 되었다. 세계 지리학에 대한 이해를 창출하는 것과 이 지리학을 지도 제작 방식에서 표현하는 것이다. 전통적 관점에 따르면, 이 둘 모두 단지 유럽 열강이 세계를 세계적 담론 속에 포함시키고 더 새롭고 더 근대적인 지도 표현 방식을 만들려는 유럽 중심주의 과정에 지나지 않는다. 이는 보다 과학적인 지도 제작 방식으로 토착적인 옛 방식을 대체하면서, 유럽이 세계를 어떻게 탐험했고 어떻게 발견했고 또 어떻게 지도로 그려냈는가에 관한 이야기다. 이런 교체 과정에서 나타난 근대성은 유럽에서 다른 지역으로 전파되었다. 제국주의 국가와 식민지, 중심부와 주변부, 근대적인 것과 토착적인 것 사이에 나타나는 상호작용과 접촉 과정에서 새로운 지식이 형성되었음을 보여 주는 일련의 흥미로운 연구가 있다. 지식은 세계의 어떤 한 지역에서 나타난다기보다는 오히려 다양한 지역에 걸친 일련의 복잡한 상호작용 속에서 발생하고 확산된다. 근대성은 접촉이 이루어지는 공간에서 발생된 후, 수입되고 변형되고 수정되는 부단한 과정을 거쳐, 결국 지속적이고 일관된 이념과 실천의 세계적 순환을 통해

재수출된다. 한국 지도의 역사를 이해하기 위해, 이 책에서 나는 이런 지
구 공간 창출이라는 보편적인 개념과 세계의 복잡한 제도학적 만남이라
는 구체적인 주제를 살펴볼 것이다.

　이 책은 과거의 한국은 어떠했으며 지도에선 어떻게 표현되었는지를
보여 주는 입문서다. 1부 "각자의 세계"에서는 한국의 조선 전기, 유럽의
근대 초기에 해당하는 1400~1600년 즈음에 나타난 두 지역의 서로 다른
지도 제작 전통을 살핀다. 조선은 중국의 영향을 받아 세련된 지도 제작
법을 갖고 있었으며, 두 나라 모두 세계를 그려 내려는 유럽과 아라비아
지식에 영향을 받았다. 2장에서는 조선 전기에 자기 나라와 이웃 나라들
을 지도로 표현하는 것이 얼마나 중요했는지를 설명할 것이다. 지도는 정
치적 통제력을 확립하고 정부의 정통성을 유지하기 위한 중요한 감시 방
법이자 필수 정보 근거였다. 정부에서 영토를 지도로 그리고 경계를 조사
하면서 제작 방식은 매우 다양하게 발전했다. 바로 이때, 유럽 무역상과
탐험가 들이 이 지역에까지 도달했다. 3장에서는 초기 유럽 지도에 한국
이 나타나기 시작하는 것을 찾아보았다. 이처럼 세계적 지식의 창출은 제
도학상의 과제라기보다는 유럽과 동아시아 사이에 이루어진 지도를 통한
만남이었다고 하는 것이 옳다. 유럽인이 한국을 깊이 이해하게 된 것과
한국이 유럽의 존재를 알게 된 것은 시야를 세계로 넓히는 과정의 일환이
었다. 에드워드 사이드Edward W. Said는 서양인이 동양을 이해하는 전통

적 방식을 오리엔탈리즘orientalism이라 불렀다. 그러나 실제 과정은 사이드의 이론보다 늘 복잡했다. 그리고 나는 한국의 지도 제작자들이 서양을 어떻게 묘사했고, 포함했으며, 반영했는지 그리고 심지어 경쟁까지 했는지를 살펴봄으로써 복잡함을 풀고 싶다. 중국과 일본에 관해서는 이와 비슷한 수많은 연구가 이뤄져 왔다. 밍밍 장Min-min Chang의 《China in European Maps》(2003)와 루츠 월터Lutz Walter의 《Japan: A Cartographic Vision》(1994)가 대표적이다. 한국에 관해서는 이에 필적할 연구서가 없다. 그리고 이로 인한 무지는 세계 지성사에서 한국이 담당한 역할에 대해 세계가 옳은 평가를 내리지 못하게 방해하고 있다.

대략 1600~1900년의 시기를 다룬 2부 "지도를 통한 만남"에서 다루는 핵심 주제는 한국과 다른 나라 간에 이뤄진 지도상의 조우에 관한 논의다. 4장에서는 한국의 독특한 지도 제작이 실제로 어떻게 제국 및 주변 국가 그리고 표현의 중심지들과 접촉하면서 형성되었는지를 밝힌다. 처음에는 중국의 영향을 받았지만, 일본과 유럽으로부터 받은 영향도 함께 다뤘다. 또 서양이 어떻게 한국에 알려지게 되었는지와 그 지적 교류에서 비롯된 지도상의 영향에 대해서도 다뤘다. 조선 정부는 지도 제작에 매우 넓고도 깊게 관여했다. 나는 조선을 전기와 후기로 구분했다. 그리고 5장에서는 후기 조선과 그 이웃 국가와의 제도학상의 연관성에 주목했고, 조선 후기 지도 제작의 결정체인 〈대동여지도〉(1861)가 탄생한 정황을 살폈다. 이 지도는 한국의 전통 지도 제작 방식과 근대적이고 보편적인 지도 제작 방식 사이에서 일어난 접촉의 정수다. 단순히 한국적이지도 않고 비정상적일 정도로 근대적이지도 않지만 두 요소가 절묘하게 조화를 이루는, 이 혼성적 지도는 두 세기에 걸쳐 일어난 지도상의 만남에서 표상으로 우뚝 서 있다. 이는 근대적 방법과 전통적 방식을 병용해, '한국'과 '근대'를 하나로 묶어 낸, 가장 유명한 '근대적이고 한국적인' 한국 지도로서 최고의 작품이다. 5장에서는 19세기 후반 조선의 장기 쇄국정책이 끝나는 모습이 지도에 어떻게 기록되었는지를 자세히 살펴본다.

3부 "근대 지도에 나타난 한국"에서는 일제강점기부터 오늘날까지를 다룬다. 지난 120년이라는 격동기에 일어난 몇몇 사건이 지도를 통해 어떻게 기록되었고, 또 어떻게 논의되었는지 구체적 예를 들어 보여 줄 것이다. 6장은 일본 지도 제작자들이 한국을 어떻게 다루었는지를 보여 준다. 이 지도상의 접촉은 일본 식민 통치의 일환으로서 뚜렷한 불균형을 보인다. 7장에서는 해방 후 한국과 남북 간의 지속된 갈등이 지도 제작에 끼친 영향을 다뤘다. 8장에서는 최근 한반도의 국가적 표현과 관련된 '지도상의 논쟁' 즉 동해/일본해 표기나 독도 소유권 주장 같은 문제를 다뤘다. 옛날이든 근래든, 지도는 당대의 현안에 중요한 역할을 담당하는 법이다.

한국에 관한 주제를 가지고 영어로 책을 쓴다는 것은 숱한 언어적 난관에 봉착하는 일이다. 더군다나 한국어 알파벳 표기는 최근 들어 크

게 바뀌었다. 2000년에 한국 정부는 아포스트로피apostrophe, 단음 기
호breve, 발음 구별 부호diacritic 등을 사용하지 않는 알파벳 표기 체제를
채택함으로써 컴퓨터 사용자들에게 편리함을 제공했다. 이 체제는 1984
년부터 2000년까지 사용된 개정 매쿤-라이샤워McCune-Reischauer 체제
를 대체했다. 그 체제는 원래 1937년에 같은 이름으로 처음 도입되었다
가 개정된 것이다. 이 세 체제는 가장 최근에 출판된 책에서도 찾을 수 있
다. 한국을 500년 이상 통치한 조선왕조의 경우, 최신 체제에서는 Joseon
으로, 개정 매쿤-라이샤워 체제에서는 Chosun으로, 구식 매쿤-라이샤
워 체제에서는 Yi로 각각 달리 표기한다. 지도 제작자들을 다룰 때, Kim
Jeong-ho, Kim Chong-ho, Gim Jeong-ho가 동일 인물이라는 점을 기
억해 두는 것도 매우 중요하다. 여러 체제가 혼용될 뿐 아니라, 때로는 창
조적으로 쓰이는 경우까지 있다는 것도 문제다. 예를 들자면, 많은 문헌
이 매쿤-라이샤워 체제를 따르되 단음 기호나 아포스트로피는 사용하지
않는다. 나는 되도록 최신 체제를 따르려고 애썼지만, 그러지 못한 경우
도 있다. 예를 들어 Kim Jeong-ho는 최신 체제를 따르지 않은 표현이
다. 최신 체제대로라면 Gim Jeong-ho라고 써야 하지만 이는 널리 쓰이
지도 않고 잘 알려지지도 않았다. 비록 "바보스러울 정도의 우직함은 편
협한 마음에서 나온 작은 괴물이다(A foolish consistency is the hobgoblin of little
minds)"라는 랠프 에머슨Ralph Waldo Emerson의 말이 있기는 하지만, 아무튼
일관성을 고수하지 못한 점에 대해서는 독자 여러분의 양해를 구한다. 시

대 표기에서도, 특별한 표시가 없는 것은 모두 기원후를 의미한다. 기원전은 BCE(Before the Common Era)라고 따로 표기했다. 책의 뒷부분에서 나는 대한민국Republic of Korea과 조선민주주의인민공화국Democratic People's Republic of Korea을 보다 보편적으로 쓰는 남한South Korea과 북한North Korea 이라는 어휘로 표현했다.

이 책을 저술하며 나는 특정한 사람들을 염두에 두었다. 이는 한국 전문가나 지도학을 연구하는 역사가를 위한 책이라는 뜻이 아니다. 내가 하는 이야기가 그 사람들에게도 흥미롭기를 바라지만, 그보다는 오히려 한국어를 잘 모를 뿐더러 한국 혹은 지도를 처음 접하는 사람들을 위한 책이 되기를 훨씬 더 바란다.

지도는 자신을 만든 이가 누구인지, 언제 만들어졌는지, 또 그때는 어떤 시대였는지에 관해 많은 것을 알려 주는 묘한 소통 방식이다. 지도는 어떤 집단이 어떤 상상을 했으며 어떻게 표현했고 어떤 장소를 어떻게 보았는지에 관한 매우 값지고 중요한 기록이다. 비록 필연적으로 지도가 편파적 관점을 갖고 있긴 하지만, 무엇이 중요하며 무엇을 생략해야 하는가 하는 판단은 그 자체로 우리에게 지도를 만든 사람과 보는 사람의 세계관에 대해 많은 것을 알려 준다. 지도는 보편적 진실을 반영하기보다는 특정한 시대에 특정한 곳에 사는 특정한 사람들에 의해 만들어진 특정한 진실을 상징한다. 그러나 지도는 모순되고 은밀한 의미를 담고 있는 교활한 증인이기도 하다. 이 책을 통해 나는 은밀한 진실과 얼버무리는 식의 답변을 파헤치고자 이 증인들을 다그치려 한다.

나는 오로지 영어로 된 학술 문헌들만 인용해 왔다. 한국어로 된 문헌은 매우 가치가 높지만, 한국어를 모르는 사람이 접근하기에는 어렵다. 이 책에 잘 어울리는 독자는 자신의 조국과는 전혀 다른 나라를 이해하고 싶어 하는 사람, 즉 우리 아버지 같은 사람들이다. 지도에 나타난 한국 역사 입문서라 할 이 책은 내가 탈고한 직후에 느꼈 듯이, 아직 이야기되지 않은 모든 것과 다뤄지지 않은 모든 것을 위해 아버지께 바치는 선물이다. 세월이 흐를수록 아버지가 더 그리워진다.

일러두기

1. 이 책은 John Rennie Short의 KOREA: A Cartographic History(The University of Chicago Press, 2012)를 번역한 것이다.
2. 본문의 외래어 표기는 국립국어원 외래어표기법을 따랐다.
3. 본문에서 설명이 필요한 경우 옮긴이가 별도로 각주를 달거나 별도의 표시 없이 괄호 속에 넣었다.

# 1 공간의 세계화

국가는 여러 요소로 구성된다. 왕조, 수도首都, 음식, 언어, 의복, 운동, 풍속 그리고 이야기······. 이 책에서 나는 오로지 물질문화라는 한 주제만을 다루려 한다. 그것은 바로 지도다. 14세기 말부터 오늘날에 이르기까지 600여 년 동안 한국이 지도 안에서 그리고 지도를 통해서 어떻게 표현되었는지를 살펴보고 싶다.

한때 "은자隱者의 나라"로 알려진 한국은 오늘날 세계에서 중요한 나라가 되었다. 20세기에 한국이 겪은 일들은 세계사에서도 매우 중요하다. 20세기 초 일본에게 강제 병합당한 것은 강대국들이 작은 나라를 집어삼키던 일의 한 예라 할 수 있으며, 그 후 한국에 닥친 일은 세계적으로 퍼진 식민지 시대의 경험 중 일부에 속한다. 제2차 세계대전이 끝난 후에 있은 남북 분단은 동서 양 진영에서 일어난 더 근본적이고 지정학적인 분열이 반영된 것이다. 한국전쟁은 이 분열된 세계에서 일어난 거대한 폭발이었다. 1950년 개전부터 1953년 휴전에 이르기까지, 군인과 민간인을 모두 합친 사상자 수는 420만 내지 470만에 달한다. 대략 38선에 걸쳐 휴전선이 그어졌고, 양쪽으로부터 각 2킬로미터씩 총 4킬로미터 폭의 비무장지대가 설정되었다. 남북 간의 공식 휴전 조약은 아직까지도 유지되고 있다. 이 휴전은 영구한 전시 체제 상태로 양국 관계를 고착화시켰으며, 남북 분단은 동서 불화가 치유된 지 오래인 지금까지도 여전히 유지되고 있으며 확대되고 있기까지 하다. 1989년에 수많은 공산주의 정부가 붕괴했지만, 북한은 핵전쟁을 일으킬 수 있는 나라로 남아 있다. 한편, 남한은 역동적인 수출 주도형 제조업에 힘입어 급속하고도 지속적으로 경제성장을 보인 아시아의 호랑이로 등장했다. GDP로 평가해 보면, 남한은 현재 세계 8위의 수출국이자 15위의 경제 대국이다. 남한이 고소득 경제 강국의 반열에 이름을 올린 반면, 북한은 경제 붕괴의 경계선을 넘나들고 있다. 거의 모든 북한 주민이 지긋지긋한 기아와 빈곤에 시달린다. 이토록 극단 양상을 보이는 양국의 운명은 생생한 경제적 데이터에 고스란히 나타난다. 남한의 1인당 GDP가 3만 200달러인 반면, 북한은 1900달러다.

21세기가 시작될 무렵 한반도는 세계에서 매우 중요한 지역이었다. 남한은 주요한 경제 강국이며, 북한은 여전히 주변 국가는 물론 머나먼 초강대국에까지 영향력을 행사하고 공포를 불러일으키고 있다. 그러므로 한국을 이해한다는 것은 현대 세계의 역사와 지리에서 필수인 어떤 요소를 이해한다는 것이다.

나는 그 이해를 촉진하기 위한 주요 촉매로 지도를 사용하려 한다. 한국이 내부에서 제작한 지도와 외부에서 제작된 지도 속에 어떻게 나타나는지를 살펴볼 것이며, 그 과정과 '결과적인 상호작용' 사이에 항상 어떤 갈등이 존재했는지를 논할 것이다. 지도에는 문화, 기술, 정치적 요건 사이에서 일어나는 독특한 역사적 상호작용이 반영된다. 지도는 마치 카메라의 조리개처럼 아주 좁은 틈을 통해서 한 나라의 역사와 지리를 아주 싶은 곳까지 보여 준다.

지도는 결코 단순한 사물이 아니다. 기술적 고찰과 사회·정치적 메시지를 동시에 담고 있기 때문이다. 지도는 다양한 의미를 갖는다. 상징적 중요성을 갖고 있으며, 장식적이라는 특성을 갖고 있고, 사상적 기반과 현실적 실용성을 겸비하고 있다. 지도는 다양한 목적으로 사용되고 다양한 사람에게 읽히는 복합 자료다. 지도에는 기술적 진보, 사회적 발전상, 정치적 갈등이 모두 담겨 있다. 지도는 그저 영역을 표시하는 데만 쓰이지 않는다. 정치적 성명이기도 하며 우리에게 사회에 관해 많은 것을 알려 주는, 현기증 날 정도로 미묘한 사회 담론이기도 하다.

"한국의 제도학" 같은 용어를 사용하는 것은 아마 한국인만의 지도 제작 전통의 독특성을 과장하는 말이 될 것이다. 한국의 지도는 비非한국적 요소에서 비롯했고, 특히 중국 영향을 많이 받았으며, 19세기 말까지 상당히 폐쇄된 사회라는 평판을 얻기는 했지만 다른 제도학 요소들의 영향도 폭넓게 받았다. 한국 지도들은 "한국적이지만 다양하고 풍부한 외부 요인의 영향을 받았다"는 것이 보다 정확한 설명이 된다. 이 책을 통해, "한국의 지도들"이나 "한국의 제도학" 같은 용어는 마땅히 대체되어야 하지만 여전히 어색한 표현으로 사용되었다. 한국 지도들은 다양한 제도학적 조우의 결과다.

국가지도는 내·외부 영향에서 비롯한다. 자기 왕국을 표시하려는 중앙 통치자의 욕구와 다른 나라를 파악하고 정확한 위치를 밝히려는 외국인의 욕구가 맞물린 것이다. 국가의 영역을 지도화하는 과정에서는 지엽적이고 포괄적인 지도 제작의 필요조건에 따라 형성된 복잡한 진화가 나타난다. 각국 지도는 지역·국가·지도 제작사의 세계적 인식들이 상호 영향을 주고받으며 복잡하게 뒤섞인 결과물이다. 한국의 지도 제작에서 나타나는, 14세기 중국 중심적 관점부터 20세기의 보다 국제적 관점으로 나아가는 장기간의 단계적 발전은 한국과 세계적 담론, 지구 공간 창출, 근대 세계 형성 사이에서 나타나는 연관성의 넓고 깊은 역사의 일부다.

한국 지도 제작의 발전은, 세계 지리에 관한 이해가 형성되고 세계지도 제작 계획이 수립되는 과정, 즉 지구 공간을 창출하는 과정의 한 부분이다. 2010년 찰스 파커Charles Parker는 근대 초기의 특징을 나타내는 공간의 세계적 통합에 관한 글을 썼다. 1400년부터 1800년까지, 전 세계에 걸쳐 건설된 제국(에스파냐와 영국을 비롯해 중국, 오스만 제국, 무굴 제국, 사파비 왕조)은 국제시장과 광범위한 교역망, 인구 이동, 신기술 확산, 문화 전파, 과학적 생활과 종교 전파 등을 만들어 냈다. 그 결과는 지구 공간의 더욱 강력한 통합이었다. 파커는 문화 접촉 증가가 어떻게 문화 간의 상호 차용을 이끌어 냈는지 보여 준다. 무엇보다도 지도 제작에서 그가 특별히 강조한 것은 중국, 오스만 제국, 유럽 지도 제작자들 간의 교류였다. 오스만 제국의 지도 제작자 피리 레이스Piri Reis(1470~1554)가 1513년에 제작한 세계지도는 아라비아, 중국, 이베리아 반도의 지도 제작 기술에 크게 힘입었다.

여러 문화와 국가 사이에 나타난 과학과 과학적 생활의 형성에 관한 자세한 사례 연구에서, 카필 라즈Kapil Raj는 1650년부터 1900년까지 남아시아와 유럽 사이의 지식 순환 속에서 나타나는 통합을 그려냈다. 라즈는 서로 다른 문화끼리의 조우가 새로운 지식을 낳았음을 보여 줌으로써, 과학이 유럽 중심부로부터 식민지 주변부로 전파되었다는 전통적 견해의 뿌리를 흔들어 놓았다. 특히 18세기 말~19세기 초 영국령 인도의 지리 조사는 영국과 인도의 지도 제작자와 제작 방식이 특정 주제를 둘러싸고 어떻게 조우하고 재구성되었는지 그리고 근대 지도와 그 쓰임새가 식민 시대의 접촉을 통해 어떻게 함께 출현했는지를 보여 주는 좋은 사례다.

영국은 현지 지식을 이용하고 옮겨 감으로써 현지 주민과 기술을 그 대륙(인도)에 대한 대규모 지도 제작에 사용했다. 그리고 그 과정에서 영국과 현지 지식은 모두 변형되었다. 접촉은 새로운 지식을 낳는다. 로라 호스테틀러Laura Hostetler는 중국 청나라와 예수회 지도 제작자 사이에 있는 지도 제작상의 조우에 관한 또 다른 자세한 사례를 제시한다. 이에 대해서는 차차 살펴보기로 하자.

이 책의 핵심 명제는 한국에 관한 지도상의 표현이 지구 공간 창출이라는 보편적 이야기의 한 부분이며, 이 특별한 사례에서 아시아와 유럽 사이에 있는 일련의 광범위한 지도상의 조우의 결과라는 것이다. 그리고 그런 조우 과정에서 외부와 토착의 지도 제작 전통이 지속되게 상호작용을 한 결과 새로운 혼합 형태가 만들어졌다. 한국 지도 제작의 진화는 근대 지도 제작법 출현의 일부이며, 그 자체로 지구 공간의 통합, 지식의 세계적 순환, 제국주의적 지도 제작 그리고 일련의 식민주의적 혹은 신新식민주의적 접촉의 결과다.

지구 공간 통합에 앞서, 지도가 근본적으로 전혀 다른 세계관들의 상징임을 파악하는 것이 더 쉬울 것이다. 그렇다면 세계의 각기 다른 지역에서, 근대의 여명기라는 거의 같은 시기에 만들어진 두 장의 세계지도에 관한 이야기를 시작해 보자. 첫 번째는 현존하는 한국 지도 중 가장 오래된 지도다(도판 1.1). 흔히 〈강리도〉라고 불리는 〈혼일강리역대국도지도混一疆理歷代國都之圖〉다. 이 지도는 비단에 그려졌고, 작은 봉에 말려 있으며, 펼쳐 보도록 되어 있다. 이처럼 세계를 펼치는 것이 바로 한국 지도 제작의 지속된 주제였다. 세계는 접힌 문서들 속에 암호화되어 있으며, 펼침으로써 세계를 읽을 수 있고 보여 줄 수도 있다. 또한 펼친다는 것은 비밀스런 자료를 드러낸다는 상징적 중요성을 갖고 있기도 하다. 기나긴 조선시대(1392~1910)의 상당 기간 동안 지도는 중앙집권적이고 통제력이 강한 정부의 재산이었다. 백성에게는 지도를 소유할 권리가 허락되지 않았다. 조선 전기에는 특히, 지도는 소수에게만 접근이 허용된 비밀 문서였다. 복합적인 묶음, 접음, 펼침이라는 복잡함은 지도가 갖는 권력, 잠재력, 신비함을 상징했다.

〈강리도〉는 가로 164센티미터, 세로 171센티미터의 대형 지도다. 확실한 제작 연도는 알 수 없지만, 로빈슨은 1479년에서 1485년 사이로 추정한다. 이 지도와 또 다른 네 가지 판본의 지도는 현재 모두 일본에 있다. 이 지도들은 먼저 만들어진 원래의 세계지도, 즉 1402년판 〈상리도〉를 베낀 것이다. 〔도판 1.1〕에 보이는 나중에 제작된 〈강리도〉는 원본의

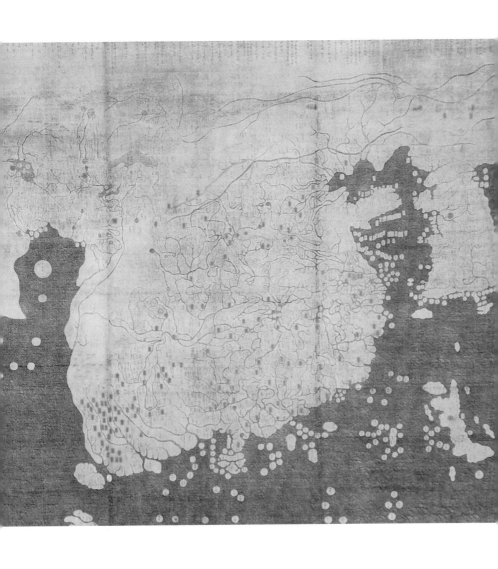

1.1  동양이 본 세계, 〈혼일강리역대국지도〉, 1479~1485년, 류코쿠 대학 소장.

단순한 사본이 아니라 한국에 관한 최신 정보가 포함된 개정본이다. 이 지도는 현존하는 한국 최고最古의 지도다. 또 이 지도는 중국에 초점이 맞춰져 있고, 한국의 크기가 과장되어 있다. 중국이 중앙에 그려져 있고, 만리장성이 보이며, 여러 하천이 복잡한 양상으로, 사실적이라기보다는 일종의 장식처럼 표현되어 있다. 실제의 정확한 지리적 개념에 비해, 윗부분이 서쪽으로 기울었고 너무 남쪽으로 내려가 있기는 하지만, 일본도 그려져 있다. 나머지 세계는 주변부를 형성하고 있다. 왼쪽 상단에는 아프리카와 아라비아 반도가 개략적으로 표현되었다. 인도는 중국 대륙에 포함되어 있다. 이 지도에는 당시 한국의 일반적인 세계관이 반영되었다. 세계의 중심에 중국이 있고, 실제보다 한국에서 멀리 떨어지게 그려지는 등 약간 부정확하기는 하지만 일본도 나타나 있으며, 지도의 나머지 부분에는 알려진 세계의 외곽이 그려져 있다.

또한 이 지도는 한국의 엘리트 통치자 집단의 세계관을 구체화했다. 그들은 영토에 관한 정확한 정보를 소유해야 할 필요가 있었고, 특히 주변국을 파악할 필요가 있었다. 중국은 문화와 군사 면에서 그 지역의 주도 세력이었고, 일본은 경쟁 관계에 있는 나라였다. 나머지 세계는 점점 중요하지 않은 것으로 간주되었다. 이 지도에는 한국의 크기가 확대되어 있고 행정 부서와 군사기지 들이 치밀하게 표현되어 있다. 나머지 세계가 1402년판 지도에 나온 대로 묘사된 반면, 한국은 훨씬 최신 정보에 따라 그려졌다. 지도를 제작한 당시의 한국이 보다 오래된 과거의 세계에 존재하고 있는 셈이다. 성벽으로 둘러싸인 붉은 원은 수도 한성(서울)이다. 이와 같은 상징은 중국과 일본의 수도를 나타낼 때도 사용되었다. 주요 행정 부서를 기록했고, 당시 왜구들의 위협이 심각하던 까닭에 해군 기지가 해안선을 따라 자리 잡고 있다. 이 지도의 정확도는 세 단계로 구분된다. 우선, 한국의 최신 행정·군사 지형도가 그려져 있다. 그리고 더 과거의 중국과 일본이 덜 자세히 묘사되어 있다. 마지막으로, 나머지 세계는 아주 흐릿한 주변부를 형성하고 있다.

그렇지만 이 지도를 오로지 한국이 세계에서 점하는 위치에 관한 심각한 국수주의적 관점의 산물이라고만 생각한다면 잘못이다. 어찌 되었든 간에, 한국이 세계라는 맥락 속에 자리하고 있는 점은 흥미롭다. 이 지도는 보다 넓은 세계가 있음을 시사하고 있다. 한국에서 멀리 떨어져 있지만 아주 넓은 세계가 있다는 것 말이다. 두 번째로 주목해야 할 점은 이 지도가 다른 영향도 받았다는 것이다. 지도에 적힌 글은 한자이지만, 지도 자체는 이슬람 지리학자와 지도 제작자의 방식에 따라 제작되었다. 이슬람 지도는 몽골 통치기를 거쳐 중국에 소개되었다. 아프리카와 아시아의 지명은 페르시아어나 아랍어에서 비롯한다. 그렇다면 근대가 이제 막 시작되던 시점에서조차, 문화 교류의 증거가 나타나고 있는 셈이다.

두 번째로 살펴볼 세계지도는 거의 같은 시대에 독일 바이에른의 울름Ulm에서 제작된 유럽 지도다(도판 1.2). 이 지도는 콜럼버스가 항해하기 전에 유럽에 만연하던 세계관이 반영되어 있다. 15세기 후반의 지도는 프톨레마이오스Claudios Ptolemaeos의 것에 근거했다. 그는 2세기경 알렉산드리아 도서관에서 일한 그리스계 이집트인이었다. 도서관은 학문을 위한 중심지이자 헬레니즘 세계의 지적 중추 같은 곳이었다. 127년에서 155년 사이에 완성된 것으로 보이는 프톨레마이오스의 주요 저서 《지리학》은 옛 바빌로니아의 60진법에 근거한 선들을 사용해 위도와 경도 개념을 발전시켰다. 그 책에는 유럽·아프리카·아시아처럼 이미 알려진 세계의 여러 지역에 관한 위도와 경도가 기록된 표가 실려 있다. 또한 프톨레마이오스는 유럽 지도들과 네 장의 아프리카 지도, 열두 장의 아시아 지도를 만들었다. 그 지도들은 지금 모두 사라지고 없지만, 그가 그것들을 만들던 제작 방식은 남아 있다. 800년경 아바스 왕조 바그다드 궁정의 아라비아 우주학자들은 프톨레마이오스의 저작을 번역했다. 아라비아와 페르시아 학자들에 의해 명맥이 유지되던 그의 명성과 업적은 유럽의 르네상스 시기에 확산되었다. 그의 저작이 예술가, 인문주의자, 학자, 탐험가, 왕자, 수도사, 상인, 고위 성직자 들에 의해 출판되거나 필사되고 수정되었으며, 쓰이고 읽혔다. 프톨레마이오스 《지리학》의 번역과 출판은 유럽 르네상스의 중심부에 있었다. 초판본은 1475년 이탈리아 비첸차Vicenza에서 나왔다. 초판본에는 지도가 수록되지 않은 대신 지도투영법에 관한 도표 두 개가 수록되었다. 거의 동시에 로마(1477), 피렌체(1480), 울름(1482)에서 다른 판본도 나왔다. 깊고 푸른 바다와 노란 국경선이 그려졌고, 페인트칠이 된 원형 무늬와 화려한 색깔의 목판을 갖춘 울름 판본은 논란의

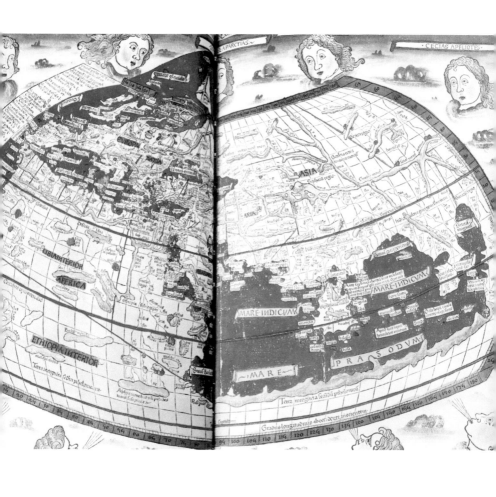

1.2  서양이 본 세계, 프톨레마이오스의 《지리학》을 바탕으로
울름에서 제작한 지도, 1482년, 미국의회도서관 소장.

여지없이 가장 아름다웠다.

울름의 지도는 고대 그리스인을 비롯해 신대륙 발견 직전까지 유럽인에게 알려져 있던 세계 즉 유럽, 아시아, 아프리카로 이루어진 세계를 보여 준다. 포르투갈의 아프리카 남단 탐험은 아직 반영되지 못했으며, 따라서 아프리카는 인도양을 근해로 끼고 있는 거대한 땅덩어리로 그려졌다. 또 콜럼버스가 항해하기 전에 만들어졌으므로, 서유럽과 아시아 사이에는 아무것도 없다. 누군가가 지중해에서 멀리 떨어진 곳에 도착하면서, 잘 알려진 곳을 보다 정확하게 표현한 것들이 미지의 불확실성 속으로 사라지듯이 지리학 지식은 급격히 몰락했다.

1482년 울름 판본의 세계지도와 〈강리도〉는 크고 작은 차이점이 있지만, 거의 같은 시기에 나왔다. 울름 지도에는 신대륙 발견 이전 유럽의 지식이 반영되었다. 또 여러 인쇄본으로 만들어져 보다 널리 유통되었고, 문헌의 인쇄와 보급을 통해 지리학 지식과 학습이 광범위하게 전파되는 데 일조했다. 이와 대조적으로 〈강리도〉는 필사본이면서 유일무이하고, 유통과 노출이 제한되어 오직 고위 관료들에게만 접근이 허용되었다. 울름 지도는 폭넓은 지식 보급과 민주화를 드러냈다. 그에 반해 〈강리도〉는 엘리트 지식인 집단과 중앙집권적 정치를 상징했다. 프톨레마이오스의 지도는 절대적 위치나 상대적 위치로도 특정 지역을 표현할 수 있는, 마치 격자무늬 같은 위도와 경도를 포함하고 있다. 이와 달리 〈강리도〉에는 그런 격자무늬가 없다. 물론 가장 큰 차이는 두 지도가 페르시아와 아라

비아 자료를 공유했지만, 하나는 틀림없는 서유럽 지도인 반면 다른 하나
는 거의 틀림없는 동아시아 지도라는 점이다. 프톨레마이오스의 지도는
동쪽 부분에서 정확한 지식의 한계가 드러나고, 〈강리도〉에서는 서쪽 부
분에서 똑같은 현상이 나타났다. 15세기 말의 두 지도에 각자 세계의 다
른 부분에 집중된 지리학 지식이 반영된 것이다. 이 두 세계지도 모두 더
넓은 세계에 대해서는 고정관념, 즉 제한된 표현만이 나타나고 있을 뿐이
다. 그러나 둘 다, 비록 세계에 대한 제한된 시야만 갖고 있기는 하지만,
동시에 가능성을 보여 주기도 했다. 〈강리도〉는 아프리카와 유럽의 윤곽
이나마 보여 주었고, 울름 지도는 제한된 틀을 깨고 스칸디나비아의 새로
운 영역을 보여 주었다. 부분적이고 편향적이라 하더라도, 두 지도 모두
다른 세상을 예시한 것이다. 다음 장에서는 그 두 세계관이 어떻게 합쳐
졌는지 보게 될 것이다.

우선 〔도판 1.3〕부터 살펴보자. 원래 별개의 두 전통이 혼합된 목판
세계지도의 양반구兩半球 중 한 부분이다. 이 지도는 조선 후기 지식인 최
한기崔漢綺(1803~1877)가 제작했다. 16세기 말과 17세기 초에 중국에서 활
동하던 예수회 선교사들의 영향을 먼저 받은 중국 지도에 기반을 두고 있
다. 예수회 선교사들은 양반구 지도와 덜 중화주의적인 세계관을 전해 주
었다. 하지만 리처드 스미스의 주장에 따르면, "17세기 말부터 19세기 초
까지, 중국 지도 제작자 대부분은 예수회가 소개한 세계 구조를 무시했
다". 물론 예외도 있었다. 예를 들어, 중국 학자 장정부莊廷敷는 그에 관한

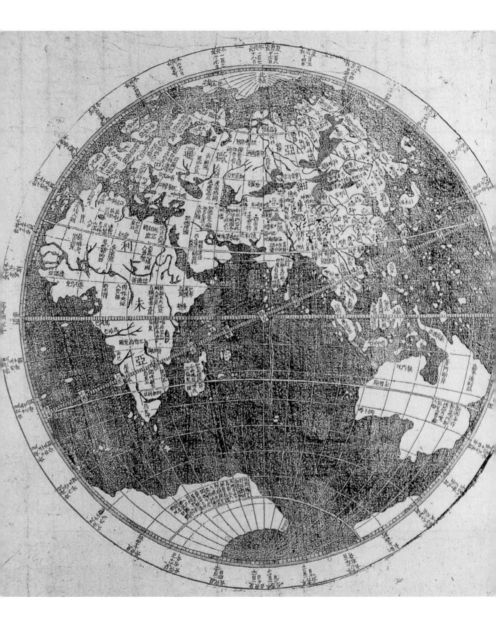

1.3 근대 세계를 보여 주는 최한기의 〈지구전후도〉, 1834년, 성신여자대학교박물관 소장.

저술을 했고 1800년에는 지도도 만들었다. 그의 저작은 한국에 소개되었고, 근대적 시각을 익히려는 열망에 사로잡힌 최한기 등 한국 학자에게 영향을 끼쳤다. 장정부의 저작은 최한기가 1834년 지도를 만드는 근간이 되었다. 이제 세계는 위도와 경도로 둘러싸였으며, 적도는 사계절을 가로지르는 태양의 궤도를 따르는 사선으로 묘사하게 되었다. 그리고 이 세계에는 한국도 표시되었다. 지도는 최한기의 대표 저서 《지구전요地球典要》에 다시 수록되었다. 이 지도에는 조선 후기 지도 제작의 복합성이 두드러지게 나타난다. 복합성이란 "근대 한국"의 세계지도 제작에 관한 예수회와 중국의 영향을 말한다. 〔도판 1.1〕과 〔도판 1.2〕가 한국식 지도와 유럽식 지도라는 각자 별도의 세계관을 나타내는 사례라면, 〔도판 1.3〕은 한국적인 것과 근대적인 것을 한꺼번에 보여 준다. 이는 실행 방식을 공유하고 공통된 지구 공간에서 거주함으로써 근대성을 보여 주는 두 세계관 사이에 이뤄진 복잡한 제도학적 조우의 결과였다. 1부에서는 비록 제한적이었다 하더라도 상호 간에 나타난 접촉을 살펴볼 것이며, 2부에서는 그 상호작용을 분석할 것이다.

14세기 이전에 한국에서 제작된 지도에 관한 언급은 많이 나타나지만, 현존하는 가장 오래된 지도들은 세계 역사상 유례를 찾기 힘들 만큼 오래 지속된 왕조
왕조가 통치했다. 중국에서 전래된 성리학 원리에 근거한, 조선왕조는 당시 한국의 근본 정체성을 확립했고, 서울을 수도로 정했다. 영토는 현재 북한의 최북
한국에는 고대 문명이 존재했다. 한국 문명의 뿌리인 고조선은 대략 기원전 2300년경부터 100년까지 존속했다. 약 2000년 전쯤 한반도에는 고구려, 백제, 신
까지 극적으로 팽창하더니, 668년 초에는 당시 한국의 대부분에 통치력을 행사했고, 중국과의 강력한 문화적 연결 고리를 구축했다. 중국에서 도입된 종교9
승기인 원효(617~686)가 부처의 가르침을 설파했고, 설총(655~?)은 공자의 말씀을 가르쳤다. 선덕여왕(재위 632~647)은 중국과의 유대를 크게 강화했고 불교를 일
었고, 중국 달력이 사용되었으며, 중국 역사와 문학이 장려되었다. 한국은 실크로드의 끝자락에 자리했으므로 중국뿐 아니라 인도와 중앙아시아 문화의 영향

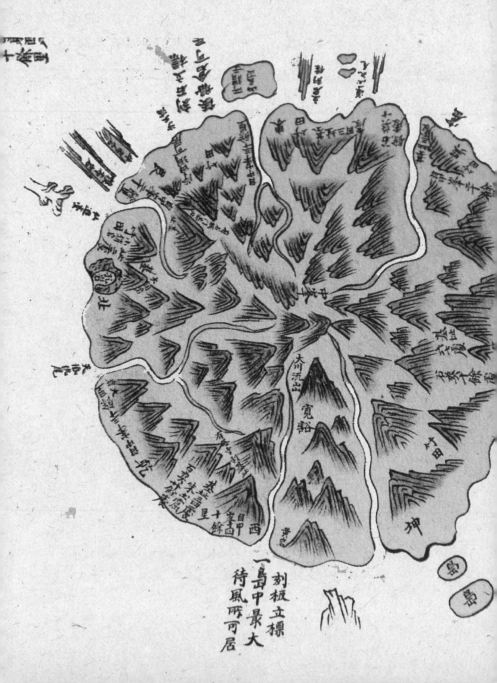

세계자의각

1910년에 이르기까지 한국은 단 하나와
한국만의 독특한 문자도 창제되었다.
신라가 금부상행=대, 500년부터 565년
착회되었다. 그 무렵 불교 승려이자 저
7~654) 시기에는 중국식 관복이 도입되

# 2 조선 전기의 지도

14세기 이전에 한국에서 제작된 지도에 관한 언급은 많이 나타나지만, 현존하는 가장 오래된 지도들은 세계 역사상 유례를 찾기 힘들 만큼 오래 지속된 왕조가 시작될 무렵 만들어졌다. 1392년부터 1910년에 이르기까지 한국은 단 하나의 왕조가 통치했다. 중국에서 전파된 성리학 원리에 근거한, 조선왕조는 당시 한국의 근본 정체성을 확립했고, 서울을 수도로 정했다. 영토는 현재 북한의 최북단 국경선까지였으며, 오늘날 쓰이고 있는 한국만의 독특한 문자도 창제되었다.

## 한국의 역사

한국에는 고대 문명이 존재했다. 한국 문명의 뿌리인 고조선은 대략 기원전 2300년경부터 100년까지 존속했다. 약 2000년 전쯤 한반도에는 고구려, 백제, 신라라는 세 나라가 존재했다. 그중에서 신라가 급부상했는데, 500년부터 565년까지 극적으로 팽창하더니, 668년 초에는 당시 한국의 대부분에 통치력을 행사했고, 중국과의 강력한 문화적 연결 고리를 구축했다. 중국에서 도입된 종교와 통치 방식인 불교와 유교는 한국에서 토착화되었다. 그 무렵 불교 승려이자 저술가인 원효(617~686)가 부처의 가르침을 설파했고, 설총(655~?)은 공자의 말씀을 가르쳤다. 선덕여왕(재위 632~647)은 중국과의 유대를 크게 강화했고 불교를 적극적으로 진흥시켰다. 진덕여왕(재위 647~654) 시기에는 중국식 관복이 도입되었고, 중국 달력이 사용되었으며, 중국 역사와 문학이 장려되었다. 한국은 실크로드의 끝자락에 자리했으므로 중국뿐 아니라 인도와 중앙아시아 문화의 영향도 받았다.

조선 바로 앞의 왕조는 고려였다. 고려는 918년부터 1392년까지 서른네 명의 왕이 통치했으며, 오늘날 서양에서 부르는 코리아Korea라는 이름의 어원이 되기도 했다. 고려의 통치자들은 (서울에서 멀지 않은) 개성에 중국 당나라 건축 방식을 본받아 새로운 수도를 건설했다. 행정조직도 중국을 본 땄으나 덜 능력 중심적이었다. 불교는 번창했고 사원은 부유했으며, 불경 인쇄는 중요했다. 목판인쇄는 8세기에 이미 시작되었으며, 1377년에는 최초의 금속활자를 사용했다. 그러나 이토록 수준 높던 사회질서는 몽골족이 응집력 강한 팽창주의 세력으로 등장하면서 위협받게 되었다. 몽골은 1231년에 고려를 침공했고, 1253년과 1258년 사이에 네 차례나 대규모 공세를 더 펼쳤다. 1258년 고려는 몽고제국에 편입되었고, 고려의 왕들은 몽골의 종주권 아래서 통치를 허락받았다. 14세기 후반 고려의 왕이 중국 침공을 시도하자, 사령관인 이성계가 반란을 일으켰다. 그는 엘리트 집단을 살해했고, 스스로 왕위에 올랐으며, 14세기 말부터 20세기 초까지 약 600년간 지속한 조선왕조를 열었다.

조선 전기 200년은 안정기이자 문화적 에너지와 혁신의 시기였다. 한 세기가 넘는 몽골 지배기에서 빠져나오며 "눈부신 예술적 창의성"이라 묘사되는 시기를 경험한 것이다. 문화적 변화는 통치의 이론과 실제에서 성리학을 핵심 요소로 삼았다고 할 수 있다. 조선왕조는 유교의 현실 사상에 기반한 최초의 사회 중 하나였다. 새로운 질서는 중앙집권화로 이어졌다. 1400년 이후 정부는 사병을 폐지하고 개인의 무기 소유를 제한했으며, 따라서 모든 폭력 수단을 독점했다. 나라는 (도, 주, 군 등의) 행정 단위로 쪼개졌으며 모든 지방관청에는 중앙정부에서 관리를 파견했다. 종교적 헌신보다는 통치 질서와 정치적 안정이 강조되었다.

조선 전기에 한국은 오늘날까지 이어지는 많은 특질을 갖추게 되었다. 조선왕조의 네 번째 임금 세종(재위 1418~1450)은 1444년경 한글이라는 새로운 문자를 창제했다. 한국어와 중국어는 서로 다른 언어인데도, 중국의 문화적 지배력으로 인해, 당시까지 한국의 글자는 중국 문자에 기반하고 있었다. 또한 문자는 상류층 남성의 전유물이기도 했다. 한글은 중국 문자보다 익히기 편했다. 또한 한글은 통합된 사회의 중요한 요소이기도 했다. 한글은 여성이나 평민도 글자를 쓸 수 있게 해 주었다. 세종의 말에 따르면, 한글은 평민이 자기 생각이나 감정을 드러낼 수 있도록 하기 위한 글자였다. 따라서 한글은 한국인의 의식과 정체성에 필수 요소였다. 그런데 중국 문자인 한자는 그 이후로도 지식인 집단에서 주도권을 잃지 않았고, 19세기까지 거의 모든 한국 지도에 사용되었다. 1894년까지 한글은 공식 문서에 사용되지 않았다.

# 유교

조선왕조를 이해하기 위해서는 유교라는 광대한 배경을 염두에 두는 것이 중요하다. 유교의 가르침은 중국의 공자孔子(기원전 551~479)로부터 시작되었다. 그는 기원전 1046년부터 256년까지 존속한 주周 왕조 시대에 태어났다. 주 왕조의 통치자들은 하늘로부터 통치권을 부여받았다고 주장했다. 또한 하늘과 땅을 잇는 존재라고 했다. 왕王이라는 한자는 세 개의 수평선을 하나의 수직선이 관통하는 모습이다. 세 개의 수평선을 살펴보면 아래 선은 땅, 위 선은 하늘, 가운데 선은 황제를 상징한다. 이 상형문자는 결국 황제를 뜻하는 글자(皇)의 한 부분을 차지했다. 주 왕조의 후반기에는 여러 학자와 학파가 최선의 정부 형태가 무엇인가 하는 근본 물음에 대한 해답을 구하고자 힘썼다. 노자老子는 도교의 창시자인데, (정부의) 간섭을 최소화할 것과 세상 이치를 수용할 것을 강조했다. 묵자墨子는 (겸애兼愛라는) 보편적 사랑을 강조하는 학파를 세웠다. 또한 인간의 행동을 가다듬기 위해 엄격한 형벌이 필요하다고 가르치는 법치주의 학파도 있었다. 공자는 노자의 수용, 묵자의 이상주의, 법치주의자들의 엄격함 사이에서 실용주의 입장을 택했다. 그는 도덕(virtue), 인간애(humanity), 중용(moderation)이라는 전통 가치에 기반한 질서 정연하고 안정된 정치의 밑그림을 그렸다. 정부의 통치는 군주와 백성뿐 아니라 부모와 자식, 남편과 아내, 형제와 자매 등 가족 구성원 사이의 이상적 관계가 보다 광범위

하게 적용된 것이었다. 그런 관계에는 충성, 헌신, 존중 같은 덕목이 필요
했다. 공자는 높은 관직에 앉은 적이 없었다. 그러나 훗날 그의 사상은 동
아시아 전역의 정치·도덕적 사상을 장악하게 된다. 군인보다 학자를, 전
쟁보다 평화를 우위에 둔 그의 사상은 그 후 오랫동안 동아시아 지역에서
문인 관료(학자 겸 정치가) 집단이 확산되고 발전하는 현상을 낳았다. 그의
저서들은 최근에 이르기까지도 정부 관리들의 기본 교육에 사용된다. 또
한 그는 투철한 직업윤리, 개인보다 사회나 가족을 우선시하는 것, 학문
과 예술의 혁신적인 힘에 대한 믿음 같은 보다 폭넓은 유산을 남겼다. 그
리고 학습, 공익사업에 대한 헌신, 전통에 대한 존중, 사회적 행동에 있어
서의 중립성 등에 기반한 사회철학을 만들어 냈다.

　이런 정부 형태는 기원전 206년부터 기원후 220년까지 지속된 한漢
왕조에 의해 채택되었지만, 한 왕조가 붕괴하면서 유교의 인기도 식었다.
왕조가 붕괴하는 와중에, 인도에서 전래된 불교와 중국 토착의 도교가 종
교 신앙, 사회 사상, 정치 신념에서 더욱 중요한 요소가 되었다. 불교는
당 왕조(618~907) 시기에 크게 번성했고, 널리 한국에까지 전파되었다. 그
러나 유교는 송宋 왕조(960~1279) 시기에 신新유학, 즉 성리학이란 이름으
로 부활했다. 유교는 원래 관념적 사항이나 영적 문제를 숙고하기보다는
인격 수양, 정치 활동, 일상 윤리 등에 더 주안점을 두었다. 즉 정치적 합
의와 사회생활이 보다 세속적으로 바뀐 형태였다. 육구연陸九淵 학파가
자기 수양과 정도正道에 대한 직관을 강조한 반면, 주희朱熹 학파는 불교

의 영향을 받은 담론을 비판하고 학습과 탐구에 지지를 표명했다. 주희 학파가 한국 성리학의 주류를 이루었다.

## 통치의 합법화

새로운 조선의 질서는 정당화와 합법화를 요구했다. 서울이 새로운 수도로 정해졌고, 1395년과 1405년에는 중심부에 경복궁과 창덕궁 같은 호화 궁궐을 지었다. 1402년에 제작된 세계지도 원본의 일부인 〈강리도〉(도판1.1)에 나타나는 영토 점검, 정치적 중앙집권화, 합법성의 확립은 바로 그런 맥락에서 이루어졌다. 1402년의 〈강리도〉는 조선 건국 초기에 두 재상, 김사형金士衡(1341~1407)과 이무李茂(?~1409)가 제작했다. 그들은 중국을 직접 방문했고 북쪽 국경선을 나타낸 지도에 심혈을 쏟았다. 한편 그 지도는 검상檢詳 이회李薈(?~?)가 그렸는데, 여러 자료가 혼합된 것이다. 중국 중심의 근본 세계관은 이택민李澤民과 청준淸濬이 제작한 세계지도*와 같은 중국 자료에서 비롯했고, 아마 1389년경 제작된 〈대명혼일도大明混一圖〉의 영향도 받았을 것이다. 한국 부분은 1402년 초 이회가 만든 〈팔도도八道圖〉를 토대로 하고 있다. 일본 부분은 1398년부터 1402년까지 일본을

---

• 이택민의 〈성교광피도〉와 청준의 〈혼일강리도〉.

방문한 조선 관리 박돈지朴惇之가 가져온 교기行基의 지도를 따랐다. 〈강리도〉는 한국을 거의 중국만큼 크게 확대해서 세계의 중앙에 배치했다. 대중에게 보여 주기 위한 거대한 지도였고, 세상에서 가장 거대한 나라이자 문화 강국인 중국의 다음 자리에 거대한 한국을 놓는다는 메시지를 담았다. 〈강리도〉는 한국을 문명의 중심 바로 옆에 두는 동시에 새로운 정부 권력을 합법화했다.

## 다양한 조선의 지도

새로운 조선왕조는 단지 조선 사회를 만드는 데서 그치지 않고 그려 내기까지 했다. 그 결과는 여러 형태로 나타났고, 공식 지도 제작뿐 아니라 공문서 보존과 산수화 발전도 이에 포함되었다. 조선왕조는 자신들의 통치를 사려 깊게 기록했다. 472년에 걸쳐 일어난 궁궐 사건을 천 권이 넘는 자세한 기록으로 남긴 《조선왕조실록》은 지금도 전한다. 실록에 담긴 본문, 그림, 지도는 특별한 연회나 의식을 비롯해 궁궐의 일상사를 자세히 보여 준다. 실록은 소소한 사건이나 하급 관료들뿐 아니라 궁궐 생활, 중요한 사건과 위대한 통치자의 그림으로 가득하다. 실록에서 궁궐 생활을 묘사한 것은 눈으로 볼 수 있게 하는 것이 조선의 통치에서 중요했음을 보여 준다. 사건은 시간적으로도 공간적으로도 기록되었으며, 시각적 표현은 정교해지고 개선되었다. 전문적으로 그림을 그리는 기관인 도화서 圖畫署에서는 숙련된 화공들이 그림 그리는 기술을 연구하고 발전시켰다. 조선 초 한국의 산수화 또한 이상화된 풍경을 강조하는 중국의 영향에서 벗어나 사실주의를 선호하는 새로운 예술 형태로 발전했다. 그림들은 조선의 풍경을 찬미했고 민족의식의 고취를 도왔다. 정선鄭敾(1676~1759), 강세황姜世晃(1713~1791) 같은 유명 화가뿐 아니라 무명의 화가들도 조선 중기와 후기 풍경화의 오랜 전통에 공헌했으며 양적으로도 질적으로도 큰 발전을 보였다.

풍경 묘사는 기록화인 계화界畵의 일부를 이루기도 했다. 계화는 관찰사의 취임식이나 과거시험 같은 정치적 사건을 기록하고 찬미하는 데 쓰였다. 화가 한시각韓時覺(1621~?)이 1621년경에 그린 〈북새선은도北塞宣恩圖〉라는 그림이 한국의 국립중앙박물관에 보관되어 있다.* 임관任官을 희망하는 유생들의 과거시험을 찬미한 그 그림은 조선 전기에 발달한 사실적 산수화법을 보이는 동시에 성리학적 특색을 분명히 드러낸다.

조선 전기의 지도 제작에는 두 가지 핵심 요소가 있다. 한국을 중화주의 세계에 두는 세계지도와 국가의 통치를 돕는 국가지도 제작이다. 1402년 〈강리도〉에 관한 레드야드의 논평에 이런 말이 있다. "지도를 봄으로써 지상의 거리를 알 수 있고 행정에 도움을 얻을 수 있다".

---

• 1621년은 한시각이 출생한 해이고, 〈북새선은도〉는 1664년에 그려졌다.

조선 정부는 나라 전체를 그린 지도부터 지방의 작은 마을과 방어시설, 항만 등을 자세히 표시하는 지도까지 다양한 지도를 많이 만들었다. 지도 제작은 감시와 통제의 중요한 수단이었다. 지역 단위에서, 지도 제작과 산수화는 밀접하게 관련을 맺었다. 그림을 그리는 화가들이 지도도 만들었다. 이런 점에서 도화서는 지도와 그림을 만드는 관청으로 알려지기도 했다. 국가 영토를 민족적 서술 형태에 결합시킴으로써, 지도는 이런 한국 사회의 국가적 형상화에서 중요한 역할을 맡았다. "지도地圖"라는 말은 "땅 그림"이라는 뜻이다. 땅 그림으로서 지도는 감시와 통제 수단일 뿐 아니라 국가적 대의代議, 통합, 정체성 그리고 국가 자체를 설계하고 기록하기 위한 수단이었다. 조선의 지도 제작 초기에는 회화적 요소가 매우 강했다. 안휘준은 초기 지도와 그림 사이의 많은 연관성을 지적했다. 전문 화가들 또한 지도를 만들었고, 바다나 강을 표현할 때 그림 그리는 화법을 사용하는 등 많은 초기 지도에는 그림과 같은 특징이 있다. 15세기부터 18세기까지는, 한국 바다를 나타내기 위해 넘실거리는 파도를 공들여 그려 넣기도 했다. 〔도판 8.1〕이 아주 좋은 예다. 그림 같은 지도는 지역 단위에서 즐겨 사용했다. 여기에는 세 가지 주요한 형태(종류)가 있다.

첫 번째는 파노라마인데, 새의 눈으로 보는 듯한 원근법을 사용한다(도판 2.1). 두 번째는 활짝 핀 꽃처럼, 산맥이 안에서 바깥으로 쭉 펼쳐진 듯 그린다(도판 2.2). 세 번째는 닫힌 꽃봉오리인데, 산맥을 바깥에서 안쪽으로 쏠린 듯 그린다(도판 2.3). 이런 지도는 공간감각과 특정 지역을 표현할 때 심미학적 관심을 보여 준다.


# 국가의 지도 제작

조선 전기의 왕 중에서 가장 유명한 왕은 아마 세종일 것이다. 만 원짜리 지폐 앞면에는 그의 초상화가 그려져 있다. 그리고 뒷면에는 세종의 계몽 통치를 단적으로 보여 주는 과학 기구들이 그려져 있다. 효율적 통치를 위해, 새로운 정부는 정보를 필요로 했다. 1424년 세종은 국토 조사를 명했다. 이에 전국 334개 군현郡縣의 지방관에게 질문지를 보내, 경계·인구·행정 연혁·이웃 군현 중심부와의 거리 등의 정보와 특정 지역의 인적·물적 지형도에 관한 총체적 자료를 요구했다. 이 조사를 바탕으로 1469년까지의 자료가 축적된 새로운 전국적 지리학 정보 체제가 마련되었다. 1470년대에는 새로운 조사가 시작되었고, 이는 1481년에 《동국여지승람東國輿地勝覽》이란 결과물로 연결되었다. 이 조사는 1550년 최종판까지 정기적으로 수정 보완되었다. '동국'이란 이름은 한국의 중국과의 관계를 보여 준다.

　　1434년 세종은 지방관들에게 "풍부하고 세밀한 지도"를 바칠 것을 명했다. 이런 지방지도는 중앙으로 집중된 지리학 정보와 정치권력을 강

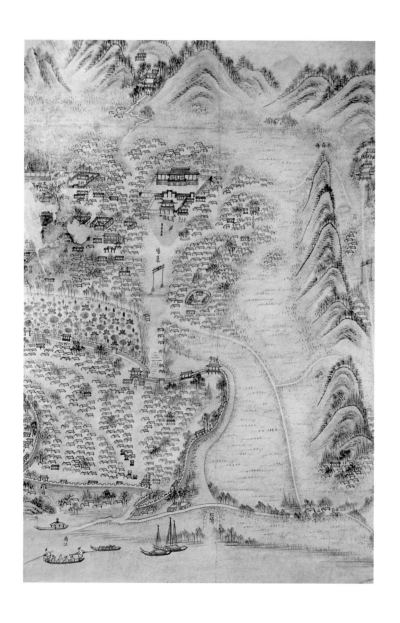

2.1 진주목, 19세기, 서울대학교 규장각 소장.

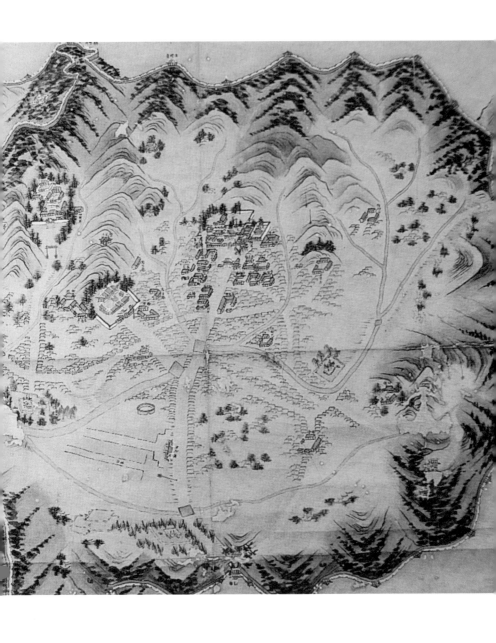

2.2 철옹성, 18세기, 서울대학교 규장각 소장.

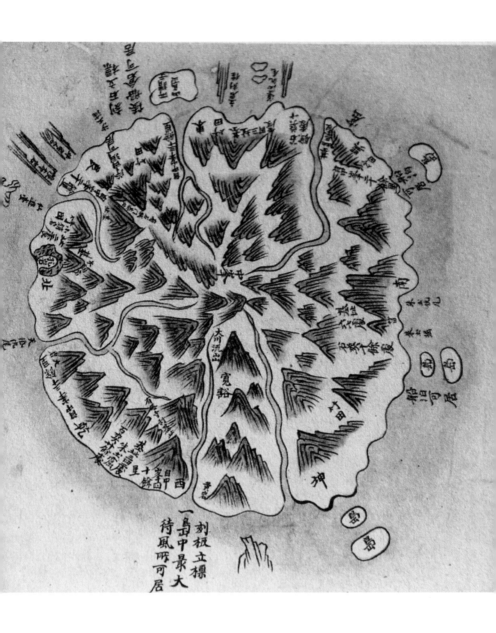

2.3 울릉도, 18세기, 서울대학교 규장각 소장.

화함으로써 국가행정에 보탬이 되었다. 세종 대의 중요한 지도 제작자는 정척鄭陟(1390~1475)이었다. 그는 세종과 후대 왕들을 위해 지도를 여럿 만들었다. 이에 따라 체계적으로 지방도를 제작하는 일이 시작되었고, 18세기에는 공통된 척도로 표준화되었다.

공식 세부지도의 주요한 종류 중에 관방도關防圖가 있다. 관방도는 지형과 군사 통신에 초점을 맞춘 국방용 지도다. 관방도는 경계 구역을 보여 주는 긴 두루마리부터 요새와 해안 방어 시설 들을 보여 주는 세부 지도까지 다양하게 제작되었다. 관방도는 야전 사령관들이 쓰기 편하도록 목판이나 휴대용 두루마리에 그려졌다.

조선 초기에는 북방 영토를 개척하기 위해 접경 지역에 대한 관심이 특별했다. 신라 최대의 북방 영토는 평양 북부에 지나지 않았다. 그 국경선은 고려 때 북쪽으로 확장되었고 조선 초에는 더욱 확장되어 1441년 북방 한계선에 이르렀다. 확장된 영토는 비록 명목상으로는 조선의 통치 하에 있었으나 실제로는 변경 지대였으므로, 경영하고 통치하기가 매우 어려웠다. 북방의 최종 국경선은 1712년에야 중국과의 협정을 통해 확정되었다. 조선 초 북방 국경선은 국가의 통제가 미칠 수 있는 한계선이었으므로 중대한 관심사로 다루어졌다. 정척은 두 변경 지대의 지도를 여럿 제작했으며, 이 지역에 관해서는 양성지梁誠之(1415~1482)나 이순숙李淳淑 등 다른 지도 제작자도 많은 지도를 남겼다.

세종의 아들 세조(재위 1455~1468)는 아버지의 지도 제작에 관한 관심을 이어받았다. 아직 대군大君의 신분이지만 실질적 통치자였을 때, 그는 한국의 전도全圖나 지방별로 그린 세부지도(주현도)는 물론 변경 지대(변방)의 지도도 그리라고 명했다. 그 결과 왕위에 오른 세조는 1463년 팔도에 관한 지도*를 받았다. 이 지도는 매우 중요하다. 15세기 중반부터 17세기 중반까지 지도에서 한국을 표현할 때 정척의 방식이라는 기반을 마련했기 때문이다. 팔도를 하나의 문헌 안에 담아냄으로써 조선은 민족적 사회로 귀결되는 일관성 있는 완전체로 묘사되었고, 이는 조선 전기의 지도 제작에서 불변의 관심사였다. 일찍이 1400년 즈음에 이회는 〈팔도도〉를 제작했고, 정척과 양성지는 세종과 세조를 위해 각 도道에 관한 지도를 만들었다. 이 두 지도 제작자는 1463년 지도 제작에도 참여했다. 원본은 사라졌지만, 사본이 많이 남아 있어 당시 국가적 표현에 관한 단서를 충분히 얻을 수 있다. 〔도판 2.4〕는 1716년부터 약 1730년까지 제작된 채색 지리지에 있는 한국 지도인데, 1451년경 정척이 만든 지도**에 기반했다. 각 도의 경계는 붉은 선으로 표시했고, 채색한 직사각형들은 지방관청 소재지를 나타낸다. 서울은 성벽으로 둘러싸여 있다. 〔도판 2.5〕는 조선의 남서부인 전라도의 자세한 모습이다. 이 지도는 행정을 위한 지도며, 서울로부터 각 도와 관청 소재지로 이어지는 정치적 위계질서를 표현하는

* 〈동국지도東國地圖〉. 우리나라 최초의 실측지도.
** 〈양계지도兩界地圖〉.

2.4 한국, 1730년, 미국의회도서관 소장.

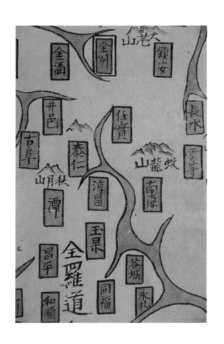

2.5 [도판 2.4] 중 전라도 부분.

데 역점을 두었음에 주목해야 한다.

정척 방식 지도들은 북쪽 변경 지대(변방)를 그렸다는 특징을 갖고 있다. [도판 2.6]은 이 방식에 따라 1721년에 제작된 지리지에 실린 지도다. 접경 지역이 얼마나 단조롭게 표현되었는지 살펴보자. 만주는 정확하게 묘사되지 않고 구불구불한 강들로 빈 공간을 대충 메우는 식으로 어설프게 표현되었다. 그에 반해, 오랫동안 성소聖所로 여겨진 사화산死火山 백두산은 아주 세밀하게 그려졌다. 레드야드는 접경 지역을 대충 표현한 것은 그 지도를 획득한 적들에게 혼란을 주기 위한 고의적인 방법이었으리라고 추측했다. 초기 지도들에 정착된 이런 국가 안보를 위한 심모원려深謀遠慮는 후대의 지도 제작자들에 의해서도 반복되었고, 한국의 지도 제작 역사를 통해 정척의 방식이 변형된 과정을 좇을 수 있게 한다.

세조 때의 가장 중요한 지도 제작자는 양성지였다. 그는 1482년 세상을 떠날 때까지 직접 제작했거나 제작에 관여한 일련의 지도를 남겼다. 20개의 지도 목록은 영토 확보에 대한 새로운 왕조의 관심이 반영된 것이다. 이는 최소 여섯 장 이상의 지도가 국경선이 있는 도道나 변경 지역에 관한 것이며, 열 장의 지도가 팔도 전부 혹은 일부 도에 관한 것이라는 사실을 통해 알 수 있다. 연안의 뱃길을 그린 지도도 있고, 명나라나 일본에 관한 지도도 있다. 공식 지도 제작에는 변경 지역의 지도 제작과 행정구역의 경계 설정이 포함되었다. 이런 지도에는 북방 국경 지대의 외부 안보, 지방에서의 내부 통치 질서, 민족국가로서의 일관성 같은 문제에 대

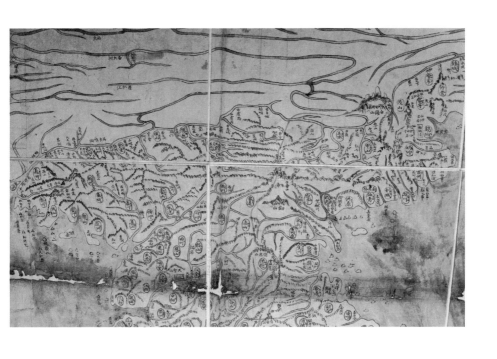

2.6 한국의 북방 지역, 미국의회도서관 소장.

한 정부의 관심이 반영되어 있다.

정척 방식이 조선 전기 한국의 유일한 지도 제작 방법은 아니다. 명나라 문헌에 근거한 승람 방식도 있다. 앞서 《동국여지승람》 편찬을 이야기했다. 이 사전식 지리지는 중국에서 1461년에 먼저 편찬된 《대명일통지大明一統志》를 충실히 따랐다. 이 중국 문헌과 연결 고리를 갖고 있는 지도들은 외관이 독특하다. 하천과 해안선을 세밀하게 묘사하기보다는 완만한 곡선으로 그렸으며, 산은 몹시 짧은 붓놀림으로 표현했고, 행정구역 이름이 쓰인 작은 원이 지도의 대부분을 차지한다. 이는 통치자들에 의해 또 그들을 위해 제작된 정치지리학적 지도로서, 인문지리학이나 자연지리학적 요소는 거의 배려하지 않았다.

1485년 성종은 먼저 중국에서 만들어진 지도(《대명일통지》)를 본받아 《동국여지승람》 출판을 명했다. 〔도판 2.7〕은 1800년경 이 모델대로 제작된 거대한 경상도 지도의 일부다. 산과 강의 외형적 특성은 정확하게 축척에 따르기보다는 개략적으로 그렸으며, 활판으로 찍어 낸 듯한 원들이 이 지도가 지리학적으로 표현하는 메시지의 거의 전부를 차지한다. 이는 지도라기보다는 인쇄 자료에 가깝다. 지방도의 이런 방식은 19세기까지 한국 지도 제작에서 나타나는 보편적이고 반복된 특징이었다.

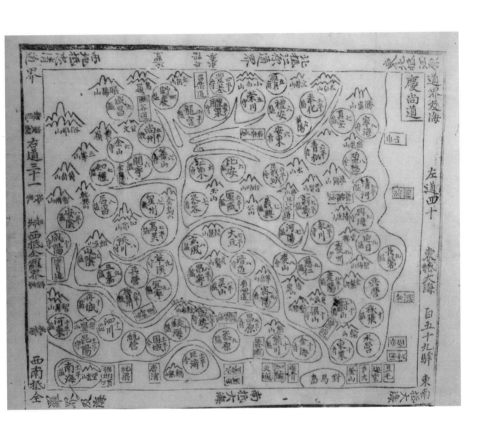

2.7 이름 없는 두루마리 지도 중 경상도 부분, 1800년경, 미국의회도서관 소장.

# 형세도 : 형태와 세력

조선왕조의 행정적 필요와 사상적 요구가 공식 지도 제작의 목적을 좌우
한 반면, 땅의 생명력을 강조하는 독특한 한국적 전통에서 그려진 형세도
라는 지도도 많다. 그 전통은 아주 오래전에 시작되었지만 통일신라 말에
전국 대부분을 답사한 도선道詵(827~898)과 같은 선종 승려들이 체계화시
켰다. "형태와 세력"이라는 의미를 담고 있다고 할 수 있는 형세도는 풍
수지리라는 유서 깊은 전통에 근거한 강력한 에너지를 갖고 있다. 중국에
서 풍수지리는 '기氣'라 부르는 에너지 혹은 생명력이 가득한 것으로 풍경
을 파악한다. 긍정적 에너지를 극대화하기 위해 풍경을 읽는 올바른 방법
은 무덤, 사당, 주택, 사원, 궁궐 등의 건축물을 얼마나 적절한 위치에 두
는지를 결정할 때 필수 요소였다. 이런 전통 속에서 풍경은 무의미하지
않고 생생하게 살아 있다.

　형세도는 서로 연결된 세 가지 신념 체계에서 비롯했다. 첫 번째는
한반도에서 살기 시작한 최초의 주민들에 의해 시베리아 숲에서 전래된
샤머니즘이다. 이런 초기 사상에는 모든 생명체에 강력한 영적 에너지가
있다고 믿는 범신론적 신앙이 포함되어 있다. 두 번째 영향은 중국에서
도입된 풍수지리학이었다. 중국 저술가들은 사물의 적절한 배치가 자연
의 긍정적 에너지를 극대화할 수 있다는 내용의 글을 남겼다. 인간의 행
위는 무덤, 건물, 마을의 적절한 배치를 통해 이런 생명 에너지를 활용할

수 있다. 산맥과 하천이 동맥과 정맥이 됨으로써 땅은 살아 숨 쉬는 존재가 되었다. 근대 이전의 유럽에서도 이와 비슷한 견해가 유행했다. 레오나르도 다빈치는 르네상스 시기 유럽에 보편적으로 퍼져 있던 사상을 다음과 같이 묘사했다.

> 사람은 몸속에 많은 피를 갖고 있으므로 …… 숨 쉬고 병에 걸린다. 지구의 몸은 매 여섯 시간마다 세계의 호흡을 가지고 오르락내리락하는 대양을 지니고 있다. …… 지구는 성장의 정신을 갖고 있다. 흙이 그 살이며, 산을 구성하는 바위들의 배치와 연결이 그 뼈이며, 석회화石灰華가 그 연골이며, 샘물이 그 혈액이다.

지구를 하나의 거대한 유기체로 보는 것은 전근대 사회의 공통된 신념 체계였다. 다른 곳과 마찬가지로, 한국의 넓은 상징적 의미와 깊은 정신적 의의도 근대성에 의해 크게 훼손되었다.

세 번째 영향은 상대적으로 지엽적인데, 조선 이전의 고려 시대에 특히 중요하던 풍수지리학이었다. 당시 그것은 성스러운 곳들을 정치적으로 이용하면서 나라에 흐르는 강력한 힘을 시각화했다. 현존하는 한국 최고最古의 지도는 〈강리도〉(도판 1.1)다. 고려 시대의 지식에 근거한 이 지도는 풍수지리학적 방식으로 한국의 자연지리학을 묘사해 냈다.

형세도는 다양한 규모로 제작되었다. 지방 단위의 형세도는 무덤이나 사원 위치를 정하는 데 사용되었다. 그 지도들은 서울을 새로운 조선의 수도로 정할 때에도 사용되었다. 〔도판 2.8〕은 수도권 지도인데 도시를 그린 지도라기보다는 신체의 동맥과 정맥을 그린 것처럼 느껴진다. 군, 도, 국가 단위에서도 마치 살아 있는 듯한 이런 지도의 특성을 통해 형세의 영향을 파악할 수 있다. 〔도판 2.9〕는 광주목의 지도다. 조선 말기인 1872년경에 제작된 이 지도는 지도 제작에서 이런 유형의 표현법이 영구히 지속되었음을 단적으로 나타낸다. 〔도판 2.10〕은 정척 방식으로 만든 지도의 사본에서 발췌한 것이다. 산과 강은 형태뿐 아니라 생명까지 주면서 국가라는 신체에 고루 퍼져 있다. 그것들은 에너지의 순환, 즉 세력의 흐름이다. 이런 유형의 한국 지도에서는 뚜렷한 생명력이 나타난다.

또한 그 지도들은 각 하천의 영역을 표현했기 때문에 독특한 디자인을 갖고 있다. 그 지도들은 풍경에 관한 세련된 수문학水文學* 표현물이었다.

---

* 지구상의 물을 연구하는 학문.

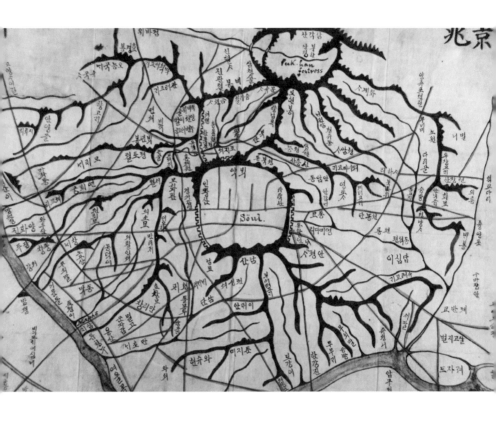

2.8 서울, 1883~1887년, 미국지리학협회도서관(위스콘신 주립대학교 내) 소장.

2.9 광주목, 1872년. 서울대학교 규장각 소장.

2.10 한국, 1730년. 미국의회도서관 소장.

# 3

유럽이 본

동양

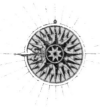

비록 한국은 나름의 탄탄한 지도 제작 전통을 갖고 있었지만, 유럽의 시각으로 보자면 거의 알지 못하던 오리엔트 세계의 혼돈 속에서 서서히 모습을 드러낸 것이다. 〔도판 1.2〕에서 나타나는 세계관은 15세기 유럽에선 일반적 인식이었다. 그 지도는 지구본의 180도부터 360도까지, 세계의 절반만을 보여 줄 뿐이다. 동아시아는 알려진 세상의 가장 끄트머리, 즉 정확한 위치도 알 수 없고, 지리학적 혼란이 나타나는 곳에 있었다.

유럽인은 무역을 통해서 동아시아의 존재를 알았다. 비단길은 동과 서를 서로 잇는 무역로로서, 기원전 200년 이후부터 교통량이 늘어난 공공 도로였다. 비단길은 단순히 교역을 위한 길일 뿐 아니라, 문화 교류를 위한 끈이 되었다. 그 길을 따라 이동한 사상과 관습 들은 유라시아 대륙에 걸쳐 전파되는 가운데 수정되고 변형되었다. 예를 들어, 불교의 핵심 교의敎義는 인도에서 비단길을 따라 동북쪽으로 이동해 중국과 한국으로 전파되었다. 비단길은 예술적 영향의 획기적이고 역동적인 혼합을 낳은 다양한 문화에 걸쳐 있었다. 그리스 문화의 고전적 형태로 발달한 그리스식 불교미술은 부처를 표현하는 방식으로 받아들여졌다. 이는 중국으로 흘러들어 갔고 6세기에는 한국에도 전해졌다.

비단길은 깊은 지리학 지식이 없어도 쉽게 따라갈 수 있다. 오래된 길을 따라 한 발 한 발 내디디면 되는 것이다. 아시아, 특히 동아시아에 관한 유럽의 지식은 흐릿한 수준에 지나지 않았고, 그 지식을 세계 지리에 접목시킬 수 있는 방법은 추측뿐이었다. 지리학적 이해에서 주요한 빌전은 베네치아 상인들에 의해 이루어졌다. 베네치아는 지중해에 자리한 강력한 상업 제국으로서, 이슬람 세계를 거쳐 동아시아와 동남아시아에 이르는 연결 고리를 갖고 있었다. 동아시아와의 교역은 당시 팽창 중이던 유럽 시장에서 엄청나게 고가에 팔리는 향신료나 비단 같은 귀중품들과의 접촉을 가능케 했다. 니콜로와 마페오 폴로라는 베네치아 상인 형제는 콘스탄티노플에 교역소를 세웠고, 크리미아Crimea를 향해 동쪽으로 이동했으며, 더 동쪽으로 가서 급기야 오늘날의 우즈베키스탄에 해당하는 부하라Bukhara에 이르렀다. 1264년 그들은 베네치아에서 오늘날의 베이징으로 가는 외교사절단에 포함되었고, 2년에 걸친 여행 끝에 베이징에 도착했다. 마침내 그들은 쿠빌라이 칸의 편지를 품고 교황에게 돌아갔다. 형제는 니콜로의 아들 마르코와 함께 중국으로 되돌아갔고, 그곳에서 17년을 보냈다. 칸은 마르코 폴로Marco Polo(1254~1324)에게 호감을 가졌고 그에게 다양한 공적 임무를 맡겨 제국 주변으로 파견했다. 유럽으로 돌아온 후, 마르코 폴로는 책을 써 냈는데, 그 책은 매우 인기를 끌었다. 그는 중국 동쪽에 있는 거대하고 인구가 많은 섬, 지팡구(일본)를 묘사했으며, 중국에서 얻은 한국에 관한 정보도 전달했다. 크리스토퍼 콜럼버스를 비롯한 많은 사람이 그의 책을 탐독했다.

　폴로 책의 진실성에는 아직도 의문이 많다. 그러나 설령 자신의 경험을 위조했다 하더라도, 그는 다른 여행자의 이야기를 이용할 수 있었다. 이탈리아의 프란체스코회 수도사 몬테코르비노Giovanni da Montecorvino(1247~1328)는 페르시아, 인도, 중국을 여행했다. 또한 14세기 초 또 한 명의 이탈리아 프란체스코회 수도사 포르데노네Odorico da Porde-none(1280~1331)는 베네치아로 돌아오기 전 베이징에 최초의 가톨릭 전도회를 설립했다. 폴로의 글과 중국에 관한 지식(전하는 바에 따르면 그는 중국의 세계지도와 해도海圖를 가져왔다)은 유럽의 지도 제작자나 지구본 제작자에게 영향을 주었다. 지팡구Chipangu(다양한 철자로 쓰임)라는 섬은 수많은 지도나 지구본에 나타난다. 예를 들자면, 1375년에 제작된《카탈루냐 지도책Catalan Atlas》이나, 1450년경 베네치아 수도사 프라 마우로Fra Mauro가 그린 세계지도 그리고 1492년 마르틴 베하임Martin Behaim(1436~1507)이 만든 지구본 등이다. 남쪽이 위를 향한 상태로, 아프리카의 가장자리를 따라가는 해로를 표현한, 마우로의 원형圓形 세계지도는 일본열도와 한반도가 나타난 최초의 유럽 지도 중 하나다. 이 지도에는 중세 유럽의 지도 제작 기술과 마르코 폴로의 기록이 총동원되었을 뿐 아니라, 아라비아·중국·페르시아의 자료도 큰 비중을 차지하고 있다. 마르코 폴로와 같은 시대를 산 아랍인 이븐 바투타Ibn Battūtah(1304~1368)는 중앙아시아와 동남아시아 그리고 중국을 방문했다. 마우로의 지도는 정화鄭和 함대의 항해에 참여한 지도 제작자들의 정보에 빛을 졌을 가능성도 있다. 1405년부터 1433년까지 중국 황제들은 정화에게 일곱 차례에 걸쳐 인도양을 탐험하라는 임무를 맡겼다.

비록 마우로의 지도에 한반도가 비교적 정확히 묘사되어 있기는 하지만, 지구 공간이 형성되던 초기 단계에서는, 다음 단계의 지리학적 표현을 위한 토대가 아직 마련되지 않았다. 시대를 뛰어넘는 단일한 지구적 지리학 지식이 없어, 한국은 차후에 다양한 형태로 묘사되었다.

# 팽창주의 유럽의 시각

영국, 포르투갈, 에스파냐, 네덜란드 등 서유럽 강대국은 과거의 베네치아와는 달리 동양의 물품들에 육로로 접근하기가 쉽지 않았다. 그들은 중동에 변변한 연결 고리를 갖지 못했으며, 상인들은 도중에 있는 세력들에 의해 간단하고도 꾸준히 차단되는 엄청나게 먼 경로를 가로질러 다녀야만 했다. 그 국가들은 도로가 없는 바다를 항해하고 넓은 대양을 건너 교역하기 위해 정확한 지도를 필요로 하는 해상 제국이 되었다. 해상무역을 추구하는 서유럽 강대국의 등장은 동양에 대한 보다 정밀한 지도 표현을 발달시켰다.

    유럽의 지도 제작은 성장하는 정치권력과 해외 진출 시도와 밀접하게 관련되어 있다. 지도 제작의 중심은 상업 제국의 성쇠에 따라 이탈리아에서 포르투갈과 에스파냐를 거쳐 네덜란드로 이동했다가 결국에는 영국으로 옮겨졌다. 탐험과 지도 제작은 상업 패권을 쥐기 위한 유럽의 경쟁과 시도에서 필수 요소였다.

당시 지배적 경제 이념은 중상주의重商主義로서, 대외무역을 국부國富 증진의 가장 주요한 수단으로 봤다. 중상주의자들은 세계의 부가 거대하지만 크기가 제한된 케이크와 같다고 믿었다. 특정 국가의 부가 증가하는 것은 곧 다른 나라의 손실로 귀결된다는 것이다. 따라서 무역을 위한 최적의 조건은 독점에 의존했다. 성공적 무역은 물가가 고정되고 시장이 보호되고 경쟁자들이 차단된 상업 제국을 의미했다. 유럽의 영향력이 해외까지 뻗어 나간 것은 상업 자본주의에 의한 영리 추구였다. 아프리카, 아시아, 신대륙에서 무역과 영역의 패권을 추구하면서 그들은 제국으로 성장해 갔다.

포르투갈인은 남쪽과 동쪽으로 항해했다. 1443년 항해왕자 엔히크Henrique 왕자(1394~1460)는 서아프리카 무역의 독점권을 따냈고 아프리카 해안선을 지도로 제작하기 위해 적극적으로 탐험 정책을 펼쳤다. 1456년 알비제 카다모스토Alvise Ca da Mosto(1432~1488)는 감비아 강Gambia River까지 항해해 갔고, 포르투갈인들은 수천 명의 노예를 배에 싣고 포르투갈로 돌아갔다. 1462년 페드루 데 신트라Pedro de Sintra는 오늘날의 시에라리온Sierra Leone에 해당하는 지역에 도달했다. 베네치아 사람 베닌카사Grazioso Venincasa가 포르투갈 자료에 근거해 1462년과 1468년에 제작한 것들을 비롯한 다양한 포르톨라노 해도에는 해안선지도가 나타난다. 이런 초기 포르투갈 항해자들이 남긴 언어상의 유산도 여전히 존재한다. 예를 들어, 나이지리아의 라고스Lagos는 포르투갈 남부에 있는 마을 이름을 딴 것이다.

15세기 후반 포르투갈은 아프리카의 해안선을 따라 더 깊숙이 들어 갔다. 포르투갈 선장들은 성공적 항해를 통해 지리학 지식의 한계를 뛰어넘었다. 페르낭 고메스Fernão Gomes는 1473년 적도를 통과했다. 9년 후 디오고 캉Diogo Cão(1440~1486)은 콩고 강Congo River 입구를 통과했다. 포르투갈인들은 바다를 통해 인도로 갈 수 있다는 사실을 발견했고, 1487년 바르톨로메우 디아스Bartolomeu Diaz(1450~1500)는 희망봉(포르투갈의 왕 주앙 2세가 붙인 이름) 일대를 통해 인도양으로 가는 경로를 항해했다. 포르투갈 선장들은 세심한 기록과 정확한 항해일지를 남기라는 권유를 받았다. 그러나 이는 매우 귀중한 무역 정보였으므로, 그 결과물은 접근이 제한된 공식지도로 은밀하게 보관되었다. 하지만 예나 지금이나 값진 무역 정보가 비밀로 오래 남아 있는 일은 거의 없으므로, 항해 결과는 즉시 해도에 기록되었다가 궁극적으로 인쇄판 지도에 반영되면서 대서양에서 인도양으로의 통행을 가능케 해 주는 남쪽 바다를 보여 주었다. 아프리카에서의 발견은 다양한 포르투갈 지도에 기록되었고, 페드루 레이넬Pedro Reinel이 1490년경 제작한 포르톨라노Portolano 해도가 그 대표적 사례다.

무어Moor인 세력을 통합한 후, 에스파냐 왕실도 해외로 시선을 돌렸다. 에스파냐는 제노바 출신 크리스토퍼 콜럼버스의 항해를 지원했다. 원래 그는 아시아로 가는 바닷길을 찾아서 동양의 보물과 향신료를 손에 넣을 계획이었다. 1492년 8월 3일, 콜럼버스는 세 척의 배로 항해를 시작했다. 그리고 10월 11일 밤, 육지를 발견했다. 콜럼버스는 처음에 바하마Bahamas 제도의 한 작은 섬에 상륙했는데, 동인도에 도착했다고 생각했으므로, 원주민인 타이노Taino 부족을 "인디언"이라고 불렀다. 그러나 우리가 익히 알듯이, 그는 새로운 세계에 당도했고, 그곳은 바로 프톨레마이오스의 세계지도에서 놓친 나머지 180도에 속하는 대륙이었다.*

　　해외 영토를 두고 포르투갈과 에스파냐 사이에 점차 심화되던 경쟁은 결국 세계를 분할하는 협정으로 귀결되었다. 1494년 교황의 중재 아래 포르투갈과 에스파냐가 체결한 토르데시야스Tordesillas 조약**은 새로 발견한 세계를 사실상 둘로 나누었다. 대략 서경 42도 혹은 46도에 그려져, 지구를 반으로 나눈 분할선(정확하게 측정된 적은 없다)의 동쪽 영역은 포르투갈 차지가 되었다. 이 결정에 따라 포르투갈 왕은 조약이 포르투갈에 허용하는 인도로의 접근을 위해 바스쿠 다 가마Vasco da Gama(1469~1524)에게 남쪽 끝을 돌아가도록 했다. 1497년 7월 8일, 네 척의 배가 항해에 나섰고, 1498년 5월 29일 인도의 캘리컷Calicut(코지코드Kozhikode의 옛 이름)에 도착했다. 또 다른 포르투갈 탐험가들은 인도 고아Gôa의 기지로부터 더 동쪽으로 진출했다. 1511년 아폰수 드 알부케르크Alfonso de Albuquer-

----

* 프톨레마이오스의 세계지도는 지구를 360도로 계산하되 0~180도에 해당되는 지역만 표현한 반구도였다. 본문은 콜럼버스가 발견한 신대륙이 프톨레마이오스가 표현하지 못한 나머지 절반에 속하는 곳이라는 이야기다.
** 에스파냐의 토르데시야스에서 에스파냐와 포르투갈이 세력 확장 범위를 정하기 위해 맺은 조약으로, 그 결과 포르투갈은 브라질·아시아·말레이 제도로, 에스파냐는 필리핀과 아메리카 대륙으로 진출하게 되었다.

que(1453~1515)는 병사 1200명을 실은 스무 척의 함대로 오늘날 말레이시아 영토에 속하는 말라카Malacca(믈라카Melaka의 옛 이름)를 정복했다. 1년 후 포르투갈은 향료제도Spice Islands(인도네시아 동부에 있는 말루쿠 제도)에 기지를 세웠다. 그리고 1513년 조르즈 알바레스Jorge Álvares는 광둥廣東 지역에, 정확히 말해 주장珠江 강 어귀에 있는 섬에 상륙했다. 고아에 있던 포르투갈 지도부는 중국과의 무역에 착수하고자 사절단을 파견했다. 중국은 광둥 성 남부의 마카오Macao를 포르투갈인에게 개방해 주었고, 그 후 포르투갈은 일본과 중국 그리고 보다 넓은 교역권에서 무역을 시작했다. 1542년 페르낭 멘데스 핀투Fernão Mendes Pinto(1509~1583)는 일본에 상륙했다. 그 지역 또한 수많은 기행문을 통해 소개되었다. 예를 들어, 핀투는 1614년에 출판한《순례Peregrinação》에서 1537년부터 1558년까지 여행한 동아시아, 중국, 일본에 대해 서술했다.

동양에서 포르투갈인이 행한 지리상의 발견을 보여 주는 현존하는 가장 오래된 지도 중에 칸티노의 1502년판 세계지도가 있다. 알베르토 칸티노Alberto Cantino는 이탈리아의 페라라Ferrara 공작이 포르투갈의 지리상의 발견을 알아내기 위해 특별히 리스본에 파견한 첩자였다. 칸티노는 새로운 지리학 정보의 보고인 리스본의 인도청Casa da Índia*에서 비밀리에 보관 중이던 공식 지도를 베꼈다. 몰래 베낀 그 지도는 탁 트인 인도양을

---

* 16세기 포르투갈의 전성기에 항해와 무역을 관장하던 특별 관청.

보여 주었으며, 인도를 기록했고, 동남아시아 해안선 윤곽을 자세히 묘사했다. 그 지도는 16세기 초 포르투갈인이 아시아에 어느 정도까지 진출했는지를 보여 주었다. 16세기 중엽 포르투갈인은 동쪽으로 향료제도까지 탐험했고 그 경로를 지도로 그렸다. 그들은 지방도와 해도를 사용했다. 16세기 초의 자료는 중국과 주변 민족이 이용하던 항해로가 기록된 자바인들의 세계지도에 관한 기록을 남겼다.

페드로 페르난데스Pedro Fernández가 1545년에 제작한 포르톨라노 해도는 그 지역을 보다 정밀히 탐험하기 전에 유럽인들이 갖고 있던 지식의 한계를 보여 준다. 동남아시아의 향료제도는 터무니없이 거대하게 그려졌는데, 이는 그들의 경제적 중요성과 아마도 지엽적인 해도를 사용하던 경험이 반영된 결과일 것이다. 페르난데스의 지도는 16세기 중엽 서유럽 해양 세력들이 보유한 지식의 기록이다. 중국은 알았지만, 한국은 아직 알지 못하는 상태였다.

## 알려지기 시작하는 한국

교역망을 확립하고 육두구肉荳蔲나 정향丁香 등의 향신료를 비롯한 귀중품 혹은 원료를 독점하고픈 열망에 사로잡힌 유럽 국가들은 동아시아를 탐험했다. 무역을 통한 이익이 생기면서 상업적 동기는 명확해졌다. 예를

들어, 반다Banda의 향료제도에서 육두구를 직접 구입한 영국 상인은 10파
운드당 고작 1페니를 지불할 뿐이었다. 런던에서는 같은 양이 2파운드 10
실링에 팔렸는데, 이는 가격이 무려 6만 퍼센트 인상된 것이었다. 거의 횡
재에 가까운 이런 이윤의 유혹은 그 섬들, 아니 숫제 그 지역 전체를 포르
투갈, 네덜란드, 영국이 격렬한 각축을 벌이는 장소로 만들었다.

　상업적 이익의 매력은 유럽의 다른 해양 세력이 초기 포르투갈의 독
점권을 깨고픈 열망을 품게 만들었다. 토르데시야스 조약은 서경 42도
의 서쪽에 에스파냐를 묶어 놓았다. 그러나 세상의 먼 곳에서는 그 경계
가 그리 명확하지 않았다. 만약 조약의 경계선이 지구 전체를 어우르도
록 확대되었다면(대략 파푸아뉴기니와 일본 사이까지), 에스파냐는 당당하게 동아
시아까지 진출했을 것이다. 에스파냐는 페르디난드 마젤란Ferdinand Magel-
lan(1480~1521)이라는 적극적인 선장을 찾아냈다. 풍부한 항해 경험을 지
닌 포르투갈인이었다. 1505년 마젤란은 프란시스쿠 데 알메이다Fransisco
de Almeida(1450~1510)와 함께 인도로 항해했다. 영광과 황금을 위해 그리
고 경쟁자들에 대한 지정학적 우위를 점하기 위해 탐험대를 이끌고 서
쪽으로 항해해 가겠다는 그의 제안을 에스파냐인들이 받아들인 것이다.[*]
1519년 마젤란은 배 세 척[**]에 선원 237명을 태우고 항해를 시작했다. 대

---

[*]　포르투갈 왕실에 먼저 제안했으나 거부당했다.
[**]　다른 자료에서는 모두 다섯 척이라고 나온다.

서양을 건너 남아메리카 남단(그곳의 좁다란 해협은 그를 기리기 위해 마젤란 해협으로 명명되었다)을 돌아 광대한 태평양으로 나아갔고, 1521년 3월 16일 필리핀 제도에 도착한 최초의 유럽인이 되었다. 엄밀히 말하자면 필리핀 제도는 포르투갈 영역에 속했지만, 아무튼 그들은 세상의 반대편에 도착했다. 그리고 그 지역 소유권이 머나먼 유럽에서 합법적으로 인정받는 개가를 올렸다.

1566년 에스파냐는 공식적으로 필리핀을 차지했고 마닐라Manila를 중국, 일본과의 무역을 위한 수출입항으로 만들었다. 그 후 에스파냐의 갈레온galleon선은 정기적으로 태평양을 횡단해 신세계의 은광에서 채굴한 은을 운반했다. 에스파냐의 은은 중국 물품을 구입하는 주요 수단이 되었다.

네덜란드인 또한 그 지역에서 중요한 역할을 맡았다. 네덜란드 공화국은 1579년에 성립되자마자 세계적 무역망을 구축해 부와 권력을 획득했다. 해외무역은 신생 공화국의 생명줄이었다. 1600년경 네덜란드는 곡물, 담배, 보리, 청어, 목재, 설탕, 향신료 등을 거래하며 유럽 해안을 돌아다니거나 대양을 건너다닐 수 있는 함선을 거의 1만 척가량 보유했다. 네덜란드 무역의 촉수는 근거지인 발트 해로부터 지중해, 대서양 건너편, 남쪽의 아프리카 그리고 인도양 건너 인도, 동남아시아, 동아시아까지 순식간에 뻗어 나갔다. 고국에서는 활기찬 상인 집단이 상업 사회를 성공리에 건설했다. 1609년에 세워진 암스테르담 은행은 금세 세계적 명성을 얻었고, 당시 다양한 화폐가 유동되었다. 은행은 화폐를 모두 입수했고, 금이나 은의 함유량을 조사함으로써, 예금주들이 암스테르담 은행에서 주조한 플로린florin 금화*와 동등한 금액을 인출할 수 있도록 해 주었다. 은행은 거대한 자산의 저장소이자 세계 금융의 중심 환전소가 되었다. 이 새로운 부는 칼뱅파의 검소한 사상을 통해 축적되었다. 어떻게 해야 부와 도덕을 동시에 추구할 수 있는가 하는 딜레마는 독특한 네덜란드 문화의 형태와 핵심을 형성하는 데 도움을 주었다. 네덜란드 공화국 그리고 그 심장부인 암스테르담은 세계경제에서 해운의 중심지, 상품시장, 금융시장이라는 위상을 갖게 되었다.

1595년 일단의 네덜란드 함대가 포르투갈의 독점권을 거스르고 암스테르담을 떠나 향료제도로 향함으로써 유럽에서 동인도 물자를 수입하는 유일한 항구라는 리스본의 우월함에 타격을 입혔다. 에스파냐와 포르투갈이 제국의 쇠퇴를 겪는 동안, 반대로 네덜란드는 상승세를 탔다. 종교적 열정이나 제국주의적 허세보다는 상업이라는 동기로 움직인, 조그마한 프로테스탄트 국가로 출발한 네덜란드는 거의 완벽에 가까운 상인 집단이 되었다. 1598년 네덜란드 함대는 마젤란의 경로를 따라 말루쿠Maluku 제도로 향했다. 그중 배 한 척이 우여곡절 끝에 일본에 닿았다. 그리고 윌리엄 애덤스William Adams(1564~1620)라는 영국 출신 도선사가 그

---

• 네덜란드의 화폐 단위인 길더guilder. 플로린, 휠던gulden이라고도 한다.

곳에 남아 나중에 온 유럽 상인들과 막부 사이의 중재자로 활동했다.

영국과 마찬가지로, 네덜란드가 해양 제국으로서의 지위를 누린 것은 국가 차원이 아니라 개인 차원에서였다. 1600년 수익성 좋은 동아시아 무역에 끼어들고 싶어 한 열성적 상인 집단은 영국 동인도회사를 만들었다. 1621년경 회사는 향료제도와 주변 지역에 관한 해도와 지도를 세밀히 정리했다. 하지만 영국 왕실과 네덜란드 전국의회States General*는 상당한 통제력을 갖고 있었다. 그들은 상인 집단에 상업적 특권을 인정하거나 무역 독점권을 줄 수 있었다. 비록 이런 조치가 외국 상인에게까지 효력을 발생하기는 힘들었지만, 자국 상인의 상업 행위를 장려하거나 자기들끼리의 경쟁을 조정할 수는 있었다. 1602년 네덜란드 동인도회사 설립은 동아시아에 네덜란드가 개입할 수 있게 되었음을 공식적으로 인정하는 일이었다. 동인도회사는 모든 네덜란드 무역회사를 합병했고 해당 지역 네덜란드 군 사령관의 권한을 강화했다. 네덜란드인들은 타이완, 중국 광저우, 일본 나가사키에서 교역했다. 1641년 일본이 에스파냐인과 포르투갈인을 쫓아내면서, 네덜란드인은 일본에서 활동하는 유일한 유럽 상인이 되었다.

동아시아에서 유럽의 영향력과 지배력은 결국 세 도시, 즉 광저우와 나가사키 그리고 인도네시아의 바타비아Batavia(네덜란드 식민지 때 자카르타의

---

* 당시 네덜란드 공화국의 국정 기구.

이름)에 집중되었다. 17세기 중엽 네덜란드, 포르투갈, 에스파냐는 타이완을 포함한 중국과 일본에 무역 기지를 보유했다. 유럽인은 주로 광저우와 나가사키를 경유해 교역했으며, 포르투갈인의 마카오와 히라도平戶(일본의 섬), 네덜란드인의 타이완처럼 각자의 무역 기지도 갖고 있었다.

　또한 그들은 그곳에서 수도사, 사제, 선교사이기도 했다. 특히 예수회는 동아시아까지 진출했다. 포르투갈의 예수회 선교사 루이스 프로이스Luís Fróis(1532~1597)는 1563년부터 30년간 일본에 머물렀다. 그가 남긴 저서*에는 당시 일본 문화와 사회에 관한 명확한 통찰이 나타난다. 예를 들어, 1590년대에 일본의 한국 침공 결과 나가사키에 포로로 끌려온 한국인 수천 명에 관해 이야기하기도 했다. 지식인이자 교양인이던 예수회 선교사들은 특정 현장의 중요한 기록자가 되었고, 상당수는 통치 집단의 조언자로 활동하기도 했다. 마테오 리치Matteo Ricci(1552~1610)는 1582년 마카오에서 중국으로 들어가 황실 고문이 되었고, 다른 선교사들도 향후 40년간 중국 황제들의 과학 고문으로 활동했다. 그들이 공식지도 제작에 참여한 것은 독특한 중국-예수회식Sino-Jesuit 지도 제작 전통이라는 결과를 낳았다. 나는 그런 사람들에 관해 그리고 그들이 지도 제작에서 맡은 중추적 역할에 관해 더 이야기할 것이다.

　중국과 일본이 차례로 유럽 상인, 선교사 들과 친숙해지는 동안에도

---

•《일본사Historia de Japam》.

한국은 여전히 베일에 싸여 있었다. 한국은 상당히 북쪽에 있었고 따라서 향신료도 나지 않았으며, 전반적으로 한국의 통치 집단은 외부 세계와 강력한 관계를 맺으려는 의향을 전혀 갖고 있지 않았다. 하물며 유럽 상인이야 말할 나위도 없었다. 그런데도 유럽인은 다양한 경로를 통해 한국의 존재를 알았다. 일본인과 중국인이 상당히 자세한 정보를 주었기 때문이다. 또한 한국은 그 지역의 선원이나 어부 들에게 알려져 있었으며, 장차 유럽의 지도 제작 목록에 반영될 지역 항양도航洋圖, sailing chart*와 지도에도 나타났다. 유럽인은 그 지역을 여행하거나 중국 혹은 일본의 마을이나 도시에 살면서 정보를 수집했다. 선교사 또한 주요 정보원이었다. 처음 한국을 방문한 것으로 기록된 유럽인은 에스파냐의 예수회 수도사 그레고리오 데 세스페데스Gregorio de Céspedes(1551~1611)였다. 그는 1593년에 일본 침략군을 따라 한국에 왔다. 그러나 17세기 중반이 되기 전까지 직접 방문한 유럽인이 남긴 문서 자료는 존재하지 않는다.

요컨대, 1500년경 유럽인이 기록한 한국에 관한 지식은 마르코 폴로가 남긴 몇 줄의 문장이 거의 전부였다. 1600년경 일본에 체류하던 예수회 선교사들이 유럽에 보낸 편지는 훨씬 실질적이고 풍부한 자료다. 일본과 중국의 상인이나 선원, 관리 들과 대화를 나눈 예수회 선교사들이 한

---

• 바다를 항해할 때 쓰는 해도. 축척이 100만분의 1 이하로 해안에서 떨어진 바다의 수심, 주요 등대, 연안의 부표, 육상의 뚜렷한 표지 따위가 그려져 있다.

국 사신使臣들과 동행한 적도 있었을 것이다. 편지들은 1593년 처음 출간된 《일본에서의 정기 서신Annual Letters of Japan》에 수록되었다. 그중 일부는 1599년과 1600년에 출판된 리처드 해클루트Richard Hakluyt(1552~1616)의 아주 영향력 있는 저서 《가장 중요한 항해들Principal Navigations》 재판본에 수록되기도 했다. 1601년 루이스 데 구스만Luis de Guzmán의 책 《선교의 역사Historia de las Misiones》는 서인도제도와 동아시아 지역에서의 선교 사업에 관한 글인데 한국에 관해 여덟 쪽을 할애했다. 구스만은 한국을 반도국가로 정확히 규명했다.

또한 초기 네덜란드 저서에도 한국이 등장한다. 인도 고아Goa에서 대주교의 조수로 잠시 근무한 얀 하위헌 판 린스호턴Jan Huyghen van Linschoten(1563~1611)은 1595년에 펴낸 《포르투갈인 동양 항해기Travel Accounts of Portuguese Navigation in the Orient》(1595)에서 "쿠레이Cooray(한국)"에 대해 "양질의, 종합적인, 그리고 진실한 정보"를 갖고 있다고 이야기했다. 그는 한국을 조선Chosun이라고 언급하기도 했다. 그의 책은 영어, 라틴어, 독일어, 프랑스어 등 다양한 언어로 번역되었다.

좀 더 이른 방문도 있었다. 최초로 기록된 사건은 1578년 10월의 일이다. 마카오를 떠나 일본으로 향하던 상선 한 척이 태풍을 만나 경로를 이탈했다. 그 불운한 배에 타고 있던 사람 중에는 이탈리아의 성직자 안토니오 프레네스티노Antonio Prenestino 신부가 있었다. 훗날 그가 고향에 보낸 편지에는 다음과 같은 내용이 있다. "한국, 야만적이고 불친절한 사람들, 다른 사람들과 어울릴 생각이 전혀 없다."

# 유럽 지도에 나타난 한국

1550년부터 1650년까지는 무역 활동과 다양한 보고서 그리고 회계장부 덕분에 동아시아에 관한 유럽의 지식이 증가 일로에 있던 시기라 할 수 있다. 그러나 아직도 한국에 관한 지식은 제한적이었다. 당시에는 지구 공간이 아직 배아기에 머물러 있어 여전히 혼돈과 모순으로 가득 차 있던 까닭에 지도 제작도 혼란스러웠고, 따라서 한국은 다양한 형태로 묘사되었다. 나는 이를 뚜렷한 세 가지 형태로 분류했다. 미지의 한국Korea unknown, 섬나라 한국Korea as an island, 반도국가 한국Korea as a Peninsula.

**미지의 한국**　　당시까지 유럽에 널리 알려진 수많은 지리학 자료에서 한국은 미지의 상태였다. 예를 들어, [도판 3.1]은 동아시아에 대한 제바스티안 뮌스터Sebastian Münster(1488~1552)의 묘사를 보여 준다. 그의 대표 저서 《코스모그라피아Cosmographia》는 1544년 제네바에서 초판 발행되었다. 총 659쪽 분량의 두꺼운 책에는 목판 지도와 삽화 520장이 실려 있다. 나아가 1550년 판본은 가르강튀아gargantua를 연상케 할 정도로 엄청난 분량의 책이 되었다.* 무려 1233쪽에 달하는 이 책에는 910개의 목판이 수록되었다. 또 라틴어를 비롯해 유럽의 모든 주요 언어로 출판되었다. 36권에 이르는 전집은 1544년부터 1628년 사이에 출판되었다. 《코스모그라피아》는 16세기 내내 당대를 대표하는 교양서이자 지리학, 역사학, 과학 지식의 가장 중요한 자료로 군림했다. 허황되거나 사실적인 것을 막론한 온갖 자료의 집합체로서, 뮌스터의 책은 세계에 관한 새로운 지식과 낡은 관념 모두를 한데 그러모았다. 〔도판 3.1〕은 《코스모그라피아》가 동인도의 향료제도를 중점적으로 다룬 반면 한국을 숨겨진, 혹은 미지의 상태로 두었음을 보여 준다. 중국 해안에 산재한 자그마한 섬도 보란 듯이 나타나지만, 한반도에 해당하는 것은 전혀 없다. 16세기에는 유럽의 가장 유명한 지리학 자료에도 한국이 존재하지 않았다.

보다 신중한 근대적 지리학 저서는 아브라함 오르텔리우스Abraham Ortelius(1527~1598)가 출간한 유럽의 첫 근대적 지도책 《세계의 무대Theatrum orbis Terrarum》다. 1570년에 처음 출판된 이 책은 지구 공간 창출에서 매우 중요한 자료다. 오르텔리우스 이전에도 여러 지도를 한 권으로 묶은 책은 있었다. 그러나 그는 차후의 저작들을 평가할 수 있는 기준을 마련했다. 그는 번화하고 역동적인 상업 도시 안트베르펜Antwerpen에서 나서 살다 죽었고, 언제나 자신을 안트베르펜 시민이라 칭했다. 1560년 안트

---

• 프랑스의 작가 프랑수아 라블레François Rabelais가 1530년대부터 출판한 연작소설 《가르강튀아와 팡타그뤼엘》의 주인공 가르강튀아는 거인왕이며, 소설도 방대한 분량을 자랑한다. 이로 인해 '엄청난', '방대한'이라는 의미를 지닌 gargantuan이란 형용사가 생겼다.

3. 1 뮌스터가 그린 1540년도의 아시아, 1551년판. 미국의회도서관 소장.

베르펜의 인구는 거의 10만에 달했는데, 그중에는 약 600명의 외국 상인이 있었다. 또 안트베르펜은 상업 자본주의의 용광로 같은 곳이었고, 탄탄한 수입원을 가진 부유한 상인들로 넘치는 곳이었다.

그는 《세계의 무대》를 1566년 혹은 1567년에 저술하기 시작해 1569년에 완성했고 1570년부터 판매하기 시작했다. 오르텔리우스는 가장 정확한 최신 정보를 입수했고 다양한 지도 제작자의 지도를 모았다. 그는 자신이 사용한 지도의 제작자 이름을 모두 기록했다. 1570년의 초판에는 87명을, 1603년판에는 182명을 기록했다. 《세계의 무대》는 엄청난 성공을 거뒀다. 1570년과 1598년 사이에 2200부가 판매되었다. 처음에는 라틴어로 출판했다가 점차 네덜란드어, 독일어, 프랑스어, 에스파냐어, 이탈리아어, 영어로 출판했다. 나중에 나온 판본에는 내용이 추가되었다. 1570년 초판은 50장이었는데, 1612년에 나온 이탈리아어 판본은 129장이었다. 또 1724년까지 재출판되었고, 궁극적으로 89판에 7300부가 인쇄되었다. 《세계의 무대》는 오르텔리우스가 윤택한 생활을 할 수 있게 해주었다. 그는 안트베르펜의 크고 비싼 집으로 옮겨서 중산층의 행복한 삶을 살았다.

오르텔리우스는 동아시아 지역을 두 장의 지도에 담았다. 첫째는 타타르Tartar 지역*에 관한 것이고 둘째는 동인도에 관한 것이다. 〔도판 3.2〕

---

* 불가리아 등 동유럽에서부터 서아시아까지의 지역.

는 이 두 번째 지도의 일부다. 경도와 위도를 이루는 격자무늬를 주목하자. 뮌스터의 평범한 묘사에 비해 지리학적으로 훨씬 세련되었다. 그러나 일본이 나타난 반면, 한국은 아직 보이지 않는다는 점도 간과하면 안된다. 이 격자무늬 지도에는 새로운 지리학 요소가 담겼지만, 한국이 여전히 프톨레마이오스식의 흐리멍덩함 속에 남았다는 한계가 있다. 지리학의 옛 지식과 새 지식이 섞여 있는 이 문헌의 공간 속에, 한국은 아직도 숨어 있다.

유럽인에게 한국의 등장은 이른바 초기 근대성의 정의적 세부 특징*이라 할 수 있는 지식의 지구 공간 창출의 일환이었다. 유럽의 지리학 지식 체계에 한국이 입장한 것은 (그리고 나중에 다룰 내용이지만, 유럽의 세계관이 한국의 지도 제작에 영향을 주는 것은) 지구 공간을 이해하고 실질적으로 창출하거나 표현하는 일환인 셈이다. 그러나 그 과정은 순탄하지 않았다.

**섬나라 한국**　　이처럼 유럽의 한국에 관한 정보는 간접적이거나 풍문, 혹은 아예 헛소문으로서 분명 한계가 있었고, 따라서 한동안 지도에 한국을 표현할 때도 모순이 엄청나게 나타났다. 그 예가 〔도판 3.3〕이다. 린스호턴의 《포르투갈인 동양 항해기》에 수록된 지도다. 린스호턴은 원래 에

---

* 실험심리학 용어. 특정 개체 혹은 개념을 구성하는 특징들 중 핵심적이고 필수적인 것을 정의적 세부 특징(defining feature)이라 한다. 이와 달리, 필수적이지는 않지만 다양한 사례에서 공통적으로 나타나는 특징은 특징적 세부 특징(characteristic feature)이라 한다.

3.2 오르텔리우스의《세계의 무대》중 동인도, 1570년판, 미국의회도서관 소장.

스파냐에 살던 상인 출신으로 고아 대주교의 조수가 되었다. 네덜란드로 돌아온 그는 두 권의 중요한 책을 출판했다. 《포르투갈인 동양 항해기》 (1595)와 《동방 안내기》(1596). 《동방 안내기》에는 다음과 같은 설명이 실려 있다. "일본보다 약간 위쪽, 즉 위도 34도 내지 35도 정도에 그리고 중국 해안에서 그리 멀지 않은 곳에, 또 하나의 큰 섬이 있다. 코레 섬Insula de Core이라 한다. 예로부터 오늘날까지, 그곳의 면적, 주민, 상업 어느 것 하나 분명히 알려진 것이 없다."

　〔도판 3.3〕은 《동방 안내기》에 수록된 지도다. 지도는 포르투갈과 에스파냐의 지도에 기반했는데, 이는 특히 필리핀 제도를 두드러지게 묘사했다. 동남아시아 섬이 얼마나 많이 그려졌는지를 주목하면 얼마나 자세한 정보가 담겼는지 알 수 있다. 그러나 이와 동시에, 일본과 중국의 해안선에는 지명이 빼곡히 적혀 있는 반면, 한국은 조그마한 섬이며 그나마도 텅 빈 상태임을 주목해야 한다. 이처럼 섬으로 표현된 것은 17세기 말까지 유럽에서는 한국에 관한 정보에 폭넓은 의견 일치가 이루어지지 않았음이 반영된 결과다.

　〔도판 3.4〕에서 한국은 길쭉한 섬으로 그려져 있다. 이는 1600년경 유럽 지도에 흔히 나타나는 모습이다. 이 지도는 《세계의 무대》 1596년 판에 수록된 것이며 〔도판 3. 2〕의 1570년판에 비해 훨씬 훌륭한 지리학 지식이 반영되었다. 무無의 존재이던 한국이 30년도 채 지나지 않은 시점에서 지도에 표현된 것이다. 지구 공간 창출은 마치 직선처럼 일관되게

3.3 린스호턴의 《동방 안내기》 중 동아시아, 1596년판, 미국의회도서관 소장.

이루어졌다기보다는 점점 보편화되던 세계지도 안에 새로운 지식이 빠르게 기록될 때마다 비약적으로 발전했다.

포르투갈의 예수회 선교사이자 수학자 루이스 테이세이라Luís Teixeira는 에스파냐 왕실에 소속된 우주학자이기도 했다. 〔도판 3.4〕에 보이는 오르텔리우스의 지도책에 실린 테이세이라의 지도는 일본 예수회를 통해 얻은 자료에 근거한 듯하다. 여기서 우리는 한국이 더 이상 작고 둥근 섬이 아니라 실제의 반도 모양에 가깝게 길쭉해졌다는 점에 주목해야 한다. 이런 표현은 비록 나아지긴 했지만 아직도 제한적이던 한국에 대한 유럽인의 지리학 지식이 반영된 결과다. 이 지도의 아류 지도들은 널리 보급되었고 특히 오르텔리우스의 지도책에 커다란 영향을 주었으며, 17세기 내내 다양한 형태로 세상에 유통되었다. 이는 18세기에도 유명한 지도책에 반복해서 나타났다.

또한 섬이라 하더라도 대륙에 매우 가깝게 그려서 마치 반도처럼 보이게 한국을 표현한 아류 지도도 있다. 이런 지도는 정확한 반도로서의 모습과 부정확한 섬으로서의 표현이 결합된 결과다. 그런 모습은 여러 자료에서 나타난다. 해클루트의 1599년판 《가장 중요한 항해들》에 수록된 에드워드 라이트Edward Wright(1561~1615)의 세계지도는 한국을 해안선에 아주 가깝게 그려서 마치 대륙에 붙어 있는 것처럼 보이기까지 한다. 이와 같은 아류 지도는 1636년판 '메르카토르-혼디우스-얀손Mercator-Hondius-Jansson 지도책(메르카토르의 지도)'에도 반영되었다.

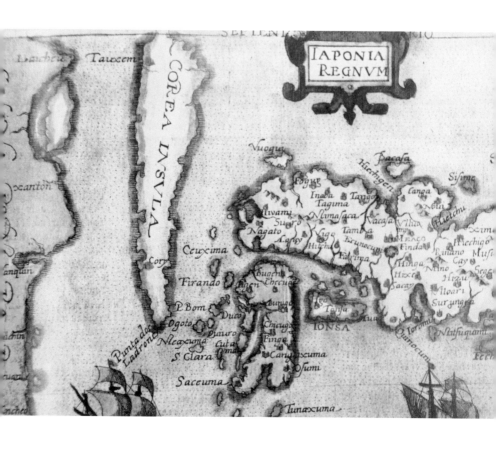

3.4 오르텔리우스의 《세계의 무대》 중 한국과 일본, 1596년판, 미국의회도서관 소장.

**반도국가 한국**   한국이 정확히 반도로 표현된 경우도 물론 있다. 런던과 베네치아에서 일한 포르투갈 출신 지도 제작자 디오구 오멩Diogo Homem(1521~1576)은 수많은 지도와 지도책을 만들었다. 그의 1588년판 수제手製 지도에 한국이 반도로 그려져 있다. 루이스 테이셰이라의 아들 주앙 테이셰이라João Teixeira 또한 지도와 해도를 만들었으며, 이베리아 반도의 두 왕실 즉 에스파냐와 포르투갈을 위해 지도 제작자 겸 우주학자로 일했으므로 동아시아의 발견과 지도에 관여했다. 1630년쯤 그가 완성한 북태평양 해도는 한국의 정체성을 반도로 정확히 규명했다.

오르텔리우스의 1570년 지도책이 16세기를 대표하는 지도책이었다면, 요안 블라외Joan Blaeu(1596~1673)의 《대 지도책Grand Atlas》(1662)은 17세기를 대표하는 지도책이라 할 수 있다. 그의 아버지 빌럼 블라외Willem Blaeu(1571~1638)는 수학자, 천문학자, 악기 제작자였다. 1605년경 그는 암스테르담 중심부 근처에 인쇄소를 차렸고, 항해·천문학·신학에 관한 책을 출간했다. 아들 요안과 함께 일했으며, 두 사람은 여러 권의 지도책을 펴냈다. 1630년에 출판된 첫 책은 60장으로 구성되었는데, 일부는 원본이고 일부는 사본이었다. 1631년에는 확장판을 출판했다.

그리고 1635년에는 더 크게 확장된, 208장의 지도로 이루어진 두 권짜리 지도책이 《신 지도책Novus Atlas》이라는 제목과 《무대Theatrum》라는 대등 제목*을 달고 세상에 나왔다. 이 지도책은 놀라운 성공을 거두었고 블라외 부자는 사업을 확장했다. 1638년 아버지가 죽자, 요안은 가업을 계승했고 동인도회사의 공식 지도 제작자라는 아버지의 지위도 물려받았다.

1640년 《신 지도책》은 세 권으로 분량이 더 늘었다. 그리고 출판을 거듭하는 과정에서 계속 더 늘어나서 1655년에는 여섯 권이 되었다. 1662년부터 1665년까지는 무려 600장의 지도가 수록된 《대 지도책Atlas Major》(때론 Grand Atlas라고 한다)을 출판했다. 이는 17세기 네덜란드 지도 제작의 위대한 정점을 찍는 일이었다. 17세기에 나온 가장 비싼 책이었고, 역사상 가장 방대한 지도책으로 남아 있다. 1662년 네덜란드판의 9권에는 아시아, 중국, 일본 지도 스물여덟 장이 실려 있다. 한국은 동아시아에 관한 일반지도 중 하나에 섬으로 그려져 있다(도판 3.5 참조). 그 지도는 원래 1655년에 블라외가 출판한 《신 중국 지도 총람Novus Atlas Sinensis》이라는 지도책에 이미 실려 있다.

《신 중국 지도 총람》은 예수회 선교사 마르티노 마르티니Martino Martini(1614~1661)가 중국 제국과 일본에 관한 지도를 엮어 만든 지도책이다. 마르티니는 이탈리아 출신 예수회 선교사로 1640년 동료 선교사 스물두 명과 함께 동인도로 향하는 배에 올랐다. 1643년 중국에 도착했고, 가능한 많은 지리학 정보를 수집하기 시작했다. 그는 나홍선羅洪先(1504~1564)이 1541년경에 제작한 후 1555년 처음 인쇄되고 1799년까지 총 다섯 번

---

• 본제목과는 다른 제목으로 해당 기록을 표현하는 또 다른 제목을 의미하는 기록학 용어. 본제목과 다른 언어로 표현된 제목도 대등 제목에 해당한다. 별서명이라고도 한다.

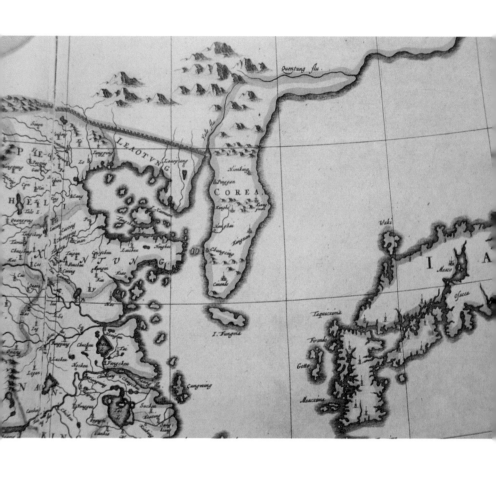

3.5 블라외의《대 지도책》중 한국, 1662년판, 미국의회도서관 소장.

인쇄된《광여도廣輿圖》를 비롯한 중국 지도들을 접했다. 마르티니는 1653
년 유럽으로 돌아왔고 로마로 향하는 길에 암스테르담을 거쳤다. 그리고
그곳에서 블라외를 만나 협력해 동아시아, 중국, 중국의 모든 주, 일본에
관한 지도 열일곱 장으로 구성된《신 중국 지도 총람》을 1655년에 출판했
다. 이는 중국 제국을 유럽에서 처음으로 지도화한 결과물이었고, 중국 각
지방에 관한 유럽 최초의 지도를 낳았다. 한국에 관한 특별한 지도는 없
고, 다만 중국 제국이나 일본에 관한 지도에 나타날 뿐이다. 하지만 중국
자료를 기반으로 해 제작된 이 지도에서부터 한국은 정확하게 반도로 나
타나기 시작한다. 그러나 중국과 일본에 관해 훨씬 자세한 정보가 나타난
반면 한국에 관한 정보는 매우 부족하다. 예를 들어, 일본에서 십자가 표
시가 있는 마을은 가톨릭 선교사들이 있다는 것을 나타낸다. 한국의 외형
적 표현은 나름 정확해졌으나, 내부적 세밀함은 여전히 형편없는 수준이
었다. 반도라는 사실은 확인했지만, 그에 대한 이해는 부족했다.

　미지의 한국, 섬나라 한국, 반도국가 한국. 한국에 관한 이 세 관점은
16세기와 17세기 내내 공존했다. 당시의 혼란을 보여 주는 한 예로서, 블
라외의《대 지도책》에는 길쭉한 섬 한국과 반도 한국이 공존한다. 어두운
곳에서 밝은 곳으로 나오기까지 길고도 지루한 여정에서, 한국은 다양한
모습으로 표현되었다. 한국에 관한 가장 정확한 표현은 중국과 유럽 지
도 제작자들이 교류하면서 나타나게 되었다. 유럽인이 한국에 대해 진정
으로 과학적이고 지리학적으로 이해하게 된 것은 17세기 말부터 지도 제

작상의 복잡한 접촉이 가능해진 후의 일이다. 한국에 관한 유럽의 초기 표현 중 가장 정확한 사례를 통해 알 수 있듯이, 지구 공간 창출은 유럽만의 창작물이 아니라 여러 다양한 문화 사이에 이뤄진 상호작용의 결과물이었다.

자세히 관찰해 보면, 프랑스건 영국이건, 혹은이 책에서 다루는 한국이건, 국가 차원의 지도 제작은 여러 문화 사이의 교류 혹은 여러 국가 사이의 영향을 반영의 제도학적 조우와 문화적 5대에서 비롯됐다는 특징이 있다. 가장 먼저 영향을 준 곳은 중국이었고, 이어서 일본과 유럽의 영향을 차례로 받는데, 특히 중국의 용을 했지만, 이 장에서는 각각의 영향을 하나씩 따로 살펴볼 것이다. 한국은 문자, 언어, 종교, 정치사상 등 많은 것을 중국으로부터 받아들였다. 조선왕조는 ㅊ주했다. 또 중국을 세계의 최강국이자 세계 문명의 중심으로 파악했다. 한국의 많은 지도와 지리서는 스스로에 대해 동이라는 개념을 즐겨 사용했다. 김정호 중국을 중심에 두고 생각하면 동쪽에 있다고 할 수 있다. 이와 대조적으로, 일본은 스스로의 정체성을 찾을 때 다른 어떤 나라도 염두에 두지 않았으며 스스로의 지리지를 자주 인용하거나 복제했고, 지리지에서 중국은 세계지도 바로 다음에 나오는 경우가 잦았다. 조선의 통치자들이 명 왕조의 후계자로 자처한 이래, 에 민망했던 데도, 1800년경 제작된 한국의 두루마리 지리지에 수록된 중국 지도에는 명나라 때의 국경선이 고려져 있다.

은 다른 나라와 표현의 중심부들과
정이 복잡하고 역동적으로 상호작
스로를 동쪽 이웃이자 속국으로 간
지(地圖)라는 이름이 붙었다. 한국은
한국에서 지도를 제작할 때 중국
다. 명나라가 1644년 이미 청나라

# 지도를 통한 만남

4 조선과 이웃 나라

자세히 관찰해 보면, 프랑스건 영국이건, 혹은 이 책에서 다루는 한국이건, 국가 차원의 지도 제작은 여러 문화 사이의 교류 혹은 여러 국가 사이의 영향을 반영하거나 강화한다. 한국의 지도 제작은 다른 나라와 표현의 중심부 들과의 제도학적 조우와 문화적 교류에서 비롯했다는 특징이 있다. 가장 먼저 영향을 준 곳은 중국이었고, 이어서 일본과 유럽의 영향을 차례로 받는데, 특히 중국의 영향이 압도적이었다. 비록 이런 영향이 복잡하고 역동적으로 상호작용을 했지만, 이 장에서는 각각의 영향을 하나씩 따로 살펴볼 것이다.

## 중국

한국은 문자, 언어, 종교, 정치사상 등 많은 것을 중국으로부터 받아들였다. 조선왕조는 중화주의 세계관을 갖고 있었으며 스스로를 동쪽 이웃이자 속국으로 간주했다. 또 중국을 세계의 최강국이자 세계 문명의 중심으로 파악했다. 한국의 많은 지도와 지리지는 스스로에 대해 동東이라는 개념을 즐겨 사용했다. 김정호의 위대한 작품에도 〈대동여지도大東輿地圖〉라는 이름이 붙었다. 한국은 중국을 중심에 두고 생각하면 동쪽에 있다고 할 수 있다. 이와 대조적으로, 일본은 스스로의 정체성을 찾을 때 다른 어떤 나라도 염두에 두지 않았으며 스스로를 떠오르는 태양의 나라로 표현했다.

한국에서 지도를 제작할 때 중국의 지리지를 자주 인용하거나 복제했고, 지리지에서 중국은 세계지도 바로 다음에 나오는 경우가 잦았다. 조선의 통치자들이 명 왕조의 후계자로 자처한 이래, 중국은 종종 과거의 모습으로 그려졌다. 명나라가 1644년 이미 청나라에 멸망했는데도, 1800년경 제작된 한국의 두루마리 지리지에 수록된 중국 지도에는 명나라 때의 국경선이 그려져 있다.

조선은 풍부하고 오래된 중국의 지도 제작 전통에 의지했다. 중국 허베이河北 성 무덤에서 발견된 초기 지도는 그 제작 연대가 무려 기원전 400년경으로 추정된다. 목판에 그려진 지도들은 기원전 200년경까지 거슬러 올라갈 수 있다. 종이·나무·비단·돌에 모두 지도를 그렸다. 그 지도들은 세련되었으며, 일정한 축척에 의거했고, 추상적인 기호를 사용했다. 학자 배수裴秀(224~271)는 중국 지도 제작에 적용된 여러 원칙을 확립했다. 그는 규모, 지역, 거리, 고도, 경사도를 지도 제작에서 가장 중요하게 고려할 사항으로 정의했다. 배수는 지도 제작에서 신중한 측량과 지리적 세부 사항에 대한 집중이 필요하다고 역설했다. 후대의 지도 제작자 가탐賈耽(730~805)•은 지도를 만들 때 격자무늬를 사용한 공로를 인정받으며, 그 후

---

• 중국 당나라의 정치가이자 지리학자. 지도 〈해내화이도海內華夷圖〉를 제작했고, 지리지 《고금군국도현사이술古今郡國道縣四夷述》을 펴내 중국 지리학 발달에 크게 기여했다.

1600년경까지 많은 중국 지도가 격자무늬 사용을 특징으로 한다.

당 왕조(618~907)와 송 왕조(960~1279) 시절, 지방정부는 3~5년마다 정기적으로 지도를 제작해 중앙정부에 제출했다. 지방정부는 거의 300개에 달했으므로, 매년 많은 지도가 제작되었고, 결과적으로 정밀한 지도 제작 기술이 발달했다.

중국 지도 제작 역사에서 또 한 명의 중요한 인물로 주사본朱思本 (1273~1335)*이 있다. 당시는 몽골이 아시아를 통합한 여파로, 이슬람·페르시아·아라비아의 지리학 저서와 지도가 새롭게 통합적 지리학 정보를 구성했다. 1315년쯤 주사본은 이 풍부한 자료를 활용해 거대한 중국 지도를 제작했다. 그 지도는 수세기 동안 중국을 지도상에 표현할 때 기준이 되었다. 또한 주사본은 중국 지방에 관한 지도, 한국을 포함한 인근 지역에 관한 지도 그리고 지리지를 만들기도 했다. 그 지리지는 나중에 나홍선이 수정해 1555년 《광여도》라는 제목으로 출판했다. 이후 《광여도》는 18세기 말까지 계속해서 출판되었다. 1405년과 1433년 사이, 중국의 탐험가 정화는 태평양과 인도양을 넘나드는 일곱 차례의 대원정을 이끌어, 제국의 지리학 지식을 엄청나게 넓혔다. 《광여도》에도 그의 항해가 반영되었다. 한편 《광여도》에는 주사본의 독특한 격자무늬에 따라 그려진, 왜곡된 한국 지도가 실려 있다. 이 한국 지도는 당시 한국과 중국의 밀접

• 주사본은 1331년 이후 행적이 묘연하다. 따라서 1335년에 사망했다고 한 것은 저자의 오류인 듯하다.

한 관계에서 비롯한 결과물이다. 한국의 왕자들은 북경에서 살며 정부를 구성했다.˙ 지도가 문화적 교류의 산물이라는 것은 의심의 여지가 없는 사실이며, 따라서 주사본의 지리지에 실린 한국 지도는 아마도 한국에서 만든 지도에 근거했을 것이다.

수세기에 걸쳐 중국과 한국 사이에는 지도 제작에서 복잡한 상호작용이 존재했다. 일찍이 10세기에 한국에 사신으로 파견된 노다손盧多遜 (934~985)은 한국 지도를 가지고 돌아갔다. 훗날, 즉 1068년과 1077년 사이에 중국 학자 심괄沈括(1031~1095)은 다음과 같은 기록을 남겼다. "고려에서 사신들이 공물을 가져왔다. 그들이 통과하는 모든 중국 도시와 관청 소재지마다 지방지도를 요구했으므로, 지도를 만들어서 주었다. 산과 강, 도로, 험하고 평탄함 등 무엇 하나 빠진 것이 없었다."

두 나라 사이 지도와 지도 제작에 관한 정보에서는 다방면에서 교류가 나타난다. 때로는 공개적이었지만 주로 비밀리에 행해졌다. 여러 중국 지도에는 한국으로 향하는 경로가 그려져 있다. 1330년에 제작된 〈성교광피도聲敎廣被圖〉와 1380년경 제작된 〈혼일강리도〉는 1399년 중국에 사신으로 다녀온 김사형이 한국으로 들여온 지도다. 한국에선 그 지도들을 결합해 1402년 〈혼일강리역대국도지도〉를 만들었는데, 더 이른 시기의 자료인 주사본의 지도도 사용되었다(〔도판 1.1〕 참조). 차차 다루게 될, 세계

• 주사본이 원나라 사람이므로 이 부분은 조선이라기보다는 고려 말의 원 간섭기에 해당하는 내용이다.

지도 '천하도' 또한 중국 자료를 기반으로 했다. 명백히 한국의 지도지만, 천하도는 중앙아시아와 중국의 불교 신앙과 수세기 전에 만들어진 지도와 만다라曼陀羅에 근본을 둔다.

중국 중앙정부는 군사·정치·행정 용도의 지도를 제작했다. 지도 제작에 필요한 세밀한 지식은 정치권력과 군사정보라는 중요한 요소를 통해 나타난다. 한국은 명(1368~1644)과 청(1644~1911) 두 제국에서 만든 수많은 지도에 나타난다. 예를 들어, 〔도판 4.1〕은 한국이 포함된 중국 지도다. 이 지도는 주사본의 지도를 부분 참고해 4세기에 제작된 명나라 지도를 수정한 사본이다. 〔도판 4.2〕는 청나라 초기의 지도에 한국이 어떻게 표현되었는지를 보여 준다. 이 자세한 지도는 1800년경 제작된 목판인쇄물로, 다른 지도를 베낀 사본이지만 강줄기 흐름이 다소 보충되었다. 두 지도 모두 한국은 중화제국의 일부라는, 즉 동쪽 끄트머리이지만 분명히 광대한 제국에 속한 하나의 속국이라는 중국의 제국주의 관점을 반영했다. 중국의 제국주의 지도들에서, 한국은 단지 서해의 해안선만 그려진 경우가 많다. 일본이 지면에 나타난 경우는 거의 드물다.

예수회 선교사 마테오 리치가 중국에 들어온 것은 중국 지도 제작에서 또 하나의 획기적 전환점이었다. 마테오 리치는 1552년 10월 6일에 이탈리아 마체라타Macerata에서 태어났다. 불과 열아홉의 나이에 예수회에 가입했고 17년 후에는 마카오의 포르투갈 구역에 있는 선교 단체로 파견되었다. 이후 1582년에 마침내 중국 입국 허가를 받았고, 1601년경에

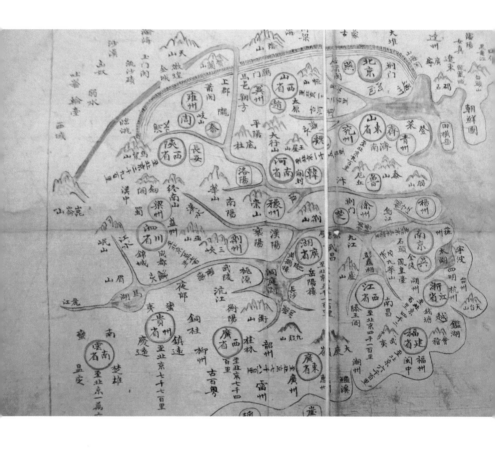

4.1 중국 명나라, 1720년, 미국의회도서관 소장.

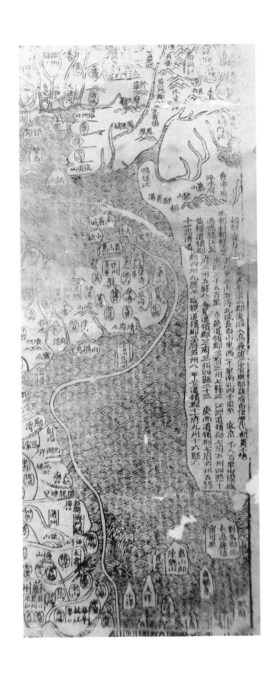

4.2 청 제국 지도, 1800년, 미국의회도서관 소장.

는 제국의 수도인 북경에 도착했다. 그리고 가톨릭 전파에 몰두한 이 열성적 선교사가 중국 고위 관료 2000명을 개종시켰다는 풍문이 돌았는데, 리치가 그런 영향력을 행사할 수 있던 것은 중국 풍속을 세심히 배려하고 중국 문화를 존중하는 모습을 보였기 때문이다. 그는 기꺼이 중국어를 배웠으며, 중국 학자들의 복식과 언어를 얼마간 받아들이기도 했다. 다문화적 지식인으로서, 리치는 미카엘 보임Michael Boym, 장 밥티스트 레지Jean Baptiste Régis, 페르디난트 페르비스트Ferdinand Verbiest(1623~1688) 등의 가톨릭 학자로 이루어진 보다 큰 집단의 일원이었다. 그들은 중국 제국의 지도 제작에서 중요한 역할을 담당했다. 리치와 동료들은 중국과 서양의 지도 제작 사이에서 접점이었다. 그들은 중국인에게 경도와 위도의 원리를 설명해 주었으며, 중화주의적이지 않은 세계관을 소개했다. 반대로 그들이 중국 지도 제작의 세련된 분야를 배우기도 했다. 그 결과에 따라 만들어진 중국-예수회 지도들은 방향을 중국에서 한국으로 틀었다. 또한 예수회 선교사들은 아시아에 관한 더 정확한 그림을 서양에 제공함으로써 중국과 동아시아를 서양에 소개했다.

　유럽 예수회 선교사들과 중국 지식인들의 영향을 모두 받은 중국-예수회 지도라는 독특한 형태는 17세기에 나타났다. 리치는 1584년 목판지도, 1596년 석판지도와 1600년 수정본 지도 그리고 1584년 지도의 확상·수정본인 1602년 지도\* 등 세계지도를 여럿 제작했다. 첫 번째 세계지도인 1584년 지도에서는 한국이 보이지 않는다. 1602년 지도에서는 직사각형 반도로 나타난다. 리치는 1602년 북경에서 지도를 그릴 때 중국인 친구 이지조李之藻(?~1631)에게 도움을 받았다. 두 친구의 작업은 한국에 초점을 맞췄고, 〈강리도〉를 비롯한 한국의 다른 "세계"지도와는 사뭇 다른 세계관을 제시했다.

리치의 초기 세계지도에 나타나는 한국을 둘러싼 혼란은 당시 중국 정부나 지도 제작자들이 한국을 그다지 중요하게 인식하지 않았기 때문일 수도 있다. 한국은 거대한 중화제국에 속해 있기는 했지만 정기적으로나 빈번하게 왕래하는 일은 거의 없었다. 보임이 1670년에 제작한 중국 지도나 페르비스트가 청 황제를 위해 1674년에 만든 세계지도 등 후대의 중국-예수회 지도는 한국을 이전보다 정확하게 묘사했다.

이후 18세기 초나 되어서야 중국에선 제국의 더욱 광범위한 지도 제작 계획의 일환으로 한국을 훨씬 정확하게 표현하기 시작했다. 1708년 만주족 출신 황제**는 만주와 한국을 포함한 자신의 광대한 제국 전부를 지도에 담기로 결심했다. 그는 에르텐베르그 하비에르 프리델리Erthern-berg Xavier Fridelli(1673~1743), 피에르 자르투Pierre Jartoux(1668~1720), 장 밥티스테 레지 등 예수회 지도 제작자들을 고용했다. 1687년에 프랑스의 루이 14세가 파견한 예수회 선교단 소속으로, 측량과 지도 제작 최신 관

---

* 〈곤여만국전도〉.
** 중국 청나라의 4대 황제인 강희제(재위 1662~1722).

련 기술을 습득한 이들이었다. 1708년부터 1717년까지 이들은 중국 학자와 관리의 도움을 받아 광대한 영토를 측량하고 제국의 지도를 만들었다. 그들의 한국 입국은 허용되지 않았으나, 그 대신 예수회식 교육을 받은 중국인 측량기술자를 고위 만주족 사신의 수행원으로 서울에 파견했다. 사신과 측량가는 정확한 측량을 위해 아주 자세히 관찰했다. 이 관찰에 의거해, 예수회 지도 제작자와 중국 측량기술자의 합작으로 더욱 정확한 한국 지도가 제작되었다. 그 과정에서 한국의 지도들은 안내서처럼 사용되었다.

호스테틀러는 지도 제작이 근대 초기 제국들을 구성하는 중요한 요소였고, 청나라 황제(통치자)들은 자신들만의 지도 제작 경험을 통해 프랑스나 러시아의 군주들과 거의 동일한 노선을 걸었다고 주장한다. 팽창하던 제국을 지도로 만드는 과정에서 그들은 (자신들의) 경쟁자와 비슷한 지도 용어를 사용했다. 새로운 영토가 필요하다고 느낀 청나라는 1660년과 1770년 사이에 직접 통치할 수 있는 땅의 면적을 두 배로 늘렸다. 당시 팽창 일로에 있던 모든 제국주의 국가에서는 국제 전문가가 필요했다. 청의 지도 제작은 중국과 예수회의 독특한 상호작용이라기보다는 그저 자신들의 힘을 형상화하고 표현하고 구체화할 수 있는 최첨단 기술을 사용하고픈 열망에 사로잡힌 수많은 팽창주의 세력 중 특정 국가에 고용된 국제 전문가들의 한 사례에 지나지 않는다. 호스테틀러는 프랑스, 청나라, 러시아(모스크바)에서 근대 초기의 지도 제작 기술을 채택한 것은 세계적

추세를 따르는 일이었으며, 중국의 지도 제작 또한 이런 세계적 지도 제작 전통에 속한다고 주장했다. 제국의 측량에는 예수회 지도 제작자와 현지 전문가가 모두 동원되었다.

1717년 초, 이런 측량의 결과로 수많은 지도가 다양한 형태로 세상에 나왔다. 호스테틀러는 네 가지 형태를 제시한다. 1719년부터 제작된 긴 두루마리, 측량의 결과가 반영된 1721년 지리지, 1737년에 발행된 프랑스어판 지도책 그리고 1721년에 발행된 중국어판. 호스테틀러는 이 모두 전통적인 지도 제작 기술과 근대 초의 방법론이 함께 적용된 혼성적 지도라는 결론을 내린다.

18세기 후반부터 19세기까지, 중국 지도 제작자들은 이와 같은 앞 시대의 성과를 대체로 무시했다. 정화의 항해는 잊었고, 예수회도 결국 중국에서 쫓겨났다. 중국은 이전보다 편협한 태도를 띠게 되었으며, 눈앞에서 멀리 벗어난 세계를 보지 않으려 애썼고, 새로 만들어지는 세계지도는 중국의 중심적 성격과 우월함을 드러내는 데 초점이 맞춰졌다. 비록 제국의 가장자리에 끼어 있긴 했어도, 어쨌든 한국은 여전히 존재했다. 〔도판 4.3〕은 1885년과 1894년 사이에 만들어진 중국 지도로, 가는 선의 양각으로 제작된 목판지도다. 이 지도에는 중국의 각 지역뿐 아니라 대만, 한국 그리고 만주의 일부가 그려졌다. 또한, 부록으로 지구의 양반구가 그려진 지도도 삽입되었다. 가는 선과 양반구의 표현은 보다 근대적인 지도 제작을 보여 준다. 그러나 한국이 거대한 중국의 일부로 표현된 것

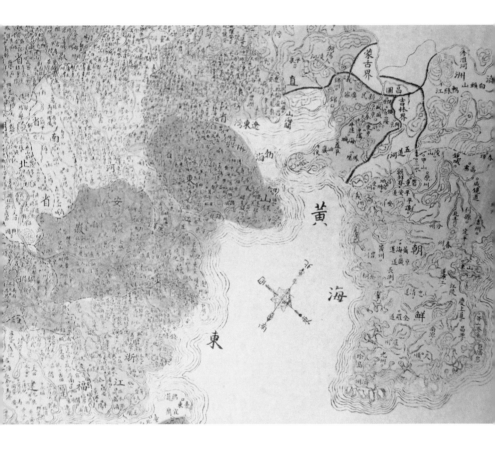

4.3 중국, 1885~1894년, 미국의회도서관 소장.

은 7세기 전까지 거슬러 올라가는 중국의 전통 지도 제작 방식에서 벗어나지 못하는 일이었다. 따라서 이 지도는 이전보다 편협해진 중국의 제국주의적 관심 영역 내에서의 지구 공간 창출이 반영된 것이다.

## 만주

다른 국가와 마찬가지로, 조선 또한 국경 문제에 민감했다. 만주와 접하는 북쪽 경계는 굉장히 취약한 영토였고 따라서 지도에서 표현할 때 매우 중요한 주제였다. 이 지역에 관한 지도들은 조선에서 공식지도를 제작할 때 오랫동안 핵심 분야였다. 건국 직후부터 조선은 북쪽 경계 지역에 관한 대대적인 지도 제작에 착수했다. 북방의 이웃 민족들로 인한 국가적 위험이 나타난 사례는 1627년과 1636년에 있은 만주족의 침입으로, 이는 1644년에 있은 명 왕조 멸망과 청 건국을 알리는 예고 같은 사건이기도 했다. 특히 효종(재위 1649~1659) 시기 조선은 군사기지를 확충해 북방 경계를 강화했다. 1706년에 이이명李頤命(1658~1722)이 완성한 〈요계관방지도遼薊關防地圖〉는 가로 635센티미터, 세로 139센티미터의 열 폭짜리 지도였다. 1년 전 이이명은 북경에 사신으로 갔다가 중국 지도와 서적을 구해 왔다. 그는 여기에 한국과 만주의 변경 지도들을 합쳐서 북경에서 태평양에 이르는 광대한 지역을 나타낸 거대한 채색 지도를 만들었다.

북쪽 경계는 조선 후기 내내 지도로 만들어졌다. 청이 지배권을 공고히 하고 대중對中 관계가 상대적으로 평화로웠을 때도 마찬가지였다. 강석화는 백두산정계비가 세워진 1712년 이후 제작된 변경 지도들은 그 전 지도들보다 정확하다고 주장한다.

〔도판 4.4〕는 신원 불명의 어떤 한국 지도 제작자가 1733년과 1858년 사이에 만든 변경 지역 지도다. 이 지도는 만주의 군사 지역을 매우 자세히 보여 주고 있으며, 지도에 그려진 지역들과 서울 간의 거리 외에는 아무것도 나타내고 있지 않다. 이 지도는 중요한 변경 지역을 지도상에 정확하게 표현함으로써 중앙정부의 권력을 드러내기 위해 만들어진 공식 지도다. 한국의 마을은 강의 경계를 따라 붉은 원으로 그려져 있다. 또한 이 지도에는 청 왕조를 수립하기 전 정치 중심지이던 심양瀋陽의 도시 계획도 나타나 있다. 이런 변경 지역에 관한 지도는 통치자들이 가깝고 강력한 이웃에 대한 관심을 지도 제작에 반영시킬 필요성을 꾸준히 갖도록 했다. 북방 변경을 문서화하고 지도화하는 작업은 "한국의 국가적 공간의 한계를 규명하거나 도전하는 주요 분야"가 되었다. 북방에 대한 생각은, 20세기 초에 특히 많은 한국 작가에게 영토 확장의 봉쇄와 광대한 민족 공간의 상실이라는 묘한 감흥을 주었다.

4.4 만주, 1733~1858년, 미국의회도서관 소장.

# 일본

일본 전통 사회에서 지도는 단순한 장식품으로서도, 통제와 감시라는 중앙집권화된 신분제도의 실용적 수단으로서도 중요한 역할을 담당했다. 8세기 일본의 중앙정부는 여러 지역을 지도로 만들라는 명령을 내렸다. 독특한 방식으로 그려진 지도들은 교기行基(668~749)라는 승려 이후로 '교기 지도'라 불리게 되었다. 교기 지도는 대체로 지방, 도로, 도시를 담고 있다. 그리고 8세기부터 19세기까지 일본 지도 제작의 주류를 점했다. 중앙정부가 각 지방의 조사를 지시한 17세기에, 또 다른 일련의 교기 지도들이 만들어졌다. 일본 사회는 벼농사에 대한 의존도가 매우 높았으므로, 마찬가지로 8세기부터 시작된 농토에 대한 정확한 격자 지도는 매우 중요한 자원에 관한 필수 기록으로, 토지소유권을 둘러싼 논쟁을 최소화시켜 주었다. 일본의 지도 제작은 기하학적인 경향을 보였으며 한국이 만들고 전파한 형태의 영향은 거의 받지 않았다.

1402년 〈강리도〉에는 조선 사신 박돈지가 구한 교기 지도를 참고한 일본이 그려져 있다. 박돈지는 1398년부터 1402년 사이에 일본을 방문했다. 교기의 지도를 직접 사용한 것은 두 나라의 지도 제작 관계에서 정점을 이룬 일이었다. 한국과 일본 사이에는 두 나라를 분리시킨 해협에서 가교 역할을 해 준 사상과 기술의 오랜 교감이 존재했다. 두 나라가 공유한 불교 전통은 6세기에 한국을 거쳐 일본에 전래되었고, 한국과 일본 모두 세계지도에서 불교의 유산을 갖고 있다. 그러나 그들의 문화적 친밀감은 한국과 중국의 그것에는 비할 바가 못 되었다. 일본은 한국과 중국의 강력한 문화적·정치적 결합 외부에 존재했으며, 가히 독립적이라 할 만했다.

그러나 한국과 일본의 지리적 근접성은 지도상의 이웃 국가로 표현되었다. 한국의 1482년 지리지에는 세조의 통치 기간에 해당하는 1455년과 1468년 사이에 제작된 일본과 류큐(오키나와)의 지도가 수록되어 있다. 훗날, 성종은 인접 지역을 묘사한 책을 편찬하라는 명을 내렸다. 1471년 편찬된 《해동제국기海東諸國記》에는 일본 지도가 여러 장 수록되었다. 배우성의 연구에 따르면, 류큐와 인근 섬을 여행한 일본인들이 만든 지도들이 그 원전이 되었다.

일본 지도는 17세기부터 조선 지리지에 자주 등장했으며, 18세기에는 에도의 지도도 소개되었다. 특히 정약용 같은 지식인은 일본 지리에 관심이 많았으며 일본 지도 사본도 갖고 있었다. 두 나라의 인접성은 지도 제작에서 특별한 형태를 낳기도 했다. 16세기 말에 있은 일본의 한국 침공은 조선왕조가 더 이상 이웃 일본을 믿지 않게 되었음을 의미했다. 1600년부터 1868년까지 조선과 도쿠가와 막부가 상대적으로 안정된 관계를 형성했는데도, 한국은 일본에 대한 의심의 눈길을 거두지 않았다. 전라도와 경상도의 해안선을 그린 방어지도에는 침공이라는 장기적 공포뿐 아니라 왜구라는 즉각적 위협도 담겨 있다. 19세기 초에 경상도와 전라도의 해안 방어선을 나타낸 지도는 남부 해안선을 따라 자리하고 있는 군사기지, 마을, 항구 들을 보여 준다. 이 지도는 왜구나 일본의 공격에 대비한 군사 정보와 해군 정보를 자세하게 보여 준다.

또한 일본은 조선의 세계관에서도 역할을 담당하고 있다. 중국과 마찬가지로, 일본 지도도 조선 후기 지리지에 꾸준히 등장한다. 〔도판 4.5〕는 자그마한 휴대용 지리지에 실린 특이한 일본 지도다. 세계지도, 중국 지도 그리고 한국의 지방도와 나란히 자리하고 있다. 이 지도는 그야말로 독특하며, 일본의 기하학 양식에서는 더욱 그러하다. 또한 한국의 일본 지도보다는 일본 쪽 자료에 직접 근거하고 있음을 알 수 있다.

조선 지도에 일본이 나타난 것과 달리, 일본 지도에 조선이 나타나는 경우는 드물다. 도쿠가와 막부 초기의 지도 제작은 일본에 집중되었다. 베리Berry의 주장에 따르면, 이런 지도 제작은 국민이라는 자각, 국가 정체성, 국가 소속감이 형성되는 데 이바지했다. 국가의 지도 제작 표현에서 나타나는 단일성은 단일한 국가 정체성을 얻는 데 도움이 되었다. 이처럼 지도 제작에서 나타나는 편협함은 최근까지 이어지고 있다. 일본 중앙정부는 1605년, 1633년(경), 1644년, 1697년, 1835년 다섯 차례에 걸쳐 지방도 전집 제작에 착수했다. 그 지도들은 통치의 안정화와 확대를 모색하는 정부의 힘을 보여 주었다. 요네모토는 17세기 후반과 특히 18세기에 인쇄공들과 전문 지도 제작자들이 공간개념과 지도상에서 형상을 이어받아 무역시장에서 사용할 수 있도록 변형시켰다는 사실을 지적했

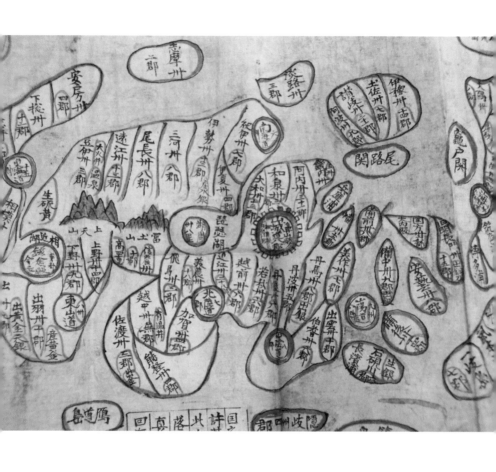

4.5 일본 지도, 19세기, 미국의회도서관 소장.

다. 새로운 인쇄 문화는 새로운 독자층을 위해 민족 공간 확립이라는 결과를 낳았다. 이런 새로운 지도는 통상 민족적 표현에 보다 폭넓은 시야를 제공했다. 대부분의 공식지도와 달리, 상업지도에는 다른 나라들이 그려져 있다. 이시카와 류센石川流宣이 1687년에 제작한 〈본조도감강목本朝圖鑑綱目〉에는 끄트머리에 한국이 그려져 있다. 비록 자국을 표현하는 것에 초점이 맞춰져 있기는 하지만, 가장자리에서라도 한국이 가까이 있음이 나타난 것이다.

일본의 지도 제작은 대외관계의 변화에 따라 변형되었다. 우선 중국과의 접촉이 있다. 나중에는 유럽인이 이 지역으로 들어왔다. 초기의 유럽 상인은 '난만진南蠻人'이라고 불렸는데, 이는 "남쪽 야만인"이라는 뜻이었다. 남만 지도들은, 예를 들어 메르카토르 도법 같은, 유럽인에게서 배운 방법에 근거해 세계를 나타내고 있다. 동양과 서양이 섞이는 가운데, 남만 지도들은 혼성 문화적 지도 제작의 예가 된다. 17세기 이후 일본 해도들이 포르투갈의 해도 제작술의 영향을 받은 것이 그 대표적 사례다. 심지어 지도라는 말 자체가 문화적 교류 속에서 변형되었다. 포터Potter는 일본어에는 지도를 가리키는 특정한 단어가 없음을 밝혀내기 위해 그 용어가 갖는 의미의 역사를 검토했다. 오랫동안 사용된 'ず'는 도해圖解를 의미하며 또한 일본 초기 지도 제작의 강력한 회화적 요소를 포함하고 있기도 하다. 회화 정보를 담은 지도들은 18세기에 이르기까지 매우 소중하게 취급되었다. 문자 그대로 "육지 도해land diagram"를 의미하는 신조어이자 지도에 대한 서양식 개념에 보다 근접한 'ちず'라는 말은 18세기 후반에 이르러 유럽의 지도, 지도 제작 기술과의 접촉이 이루어진 후에야 사용되기 시작했다. 이와 유사한 언어의 변형은 중국 지도 용어에 의해서도 이루어졌다.

도쿠가와 막부 말기에 일본은 팽창 일로에 있던 제국들의 압박을 받게 되었다. 1870년대가 시작될 무렵 제정 러시아가 북태평양까지 진출했는데, 이런 갑작스러운 제국의 등장은 일본 제국주의의 시작과 시기적으로 맞물리면서 보다 넓은 지역에 대한 정밀한 지도 제작을 촉발했다. 워커Walker는 19세기 초 사할린 섬에 대한 일본의 탐사와 지도 제작을 주목했다. 1808년부터 이듬해까지 일본의 지도 제작자 마미야 린조間宮林藏(1775~1844)는 러시아, 중국, 일본의 경계를 정리하면서 사할린 지도를 만들었다. 워커의 주장에 따르면, 린조는 사람이 살고 있는 섬을 상징적으로 비워 두고 제국과 국가의 격자 안에 그 지역을 포함시킴으로써 제국을 예고했다.

도쿠가와의 통치 사상은 긴장감이 있었다. 외부 세계와의 무역 독점은 막부에 막대한 부를 선사했다. 그러나 정부는 외국 상인의 영향력을 제한하려 애썼다. 1635년 이후 강력한 통제 체계가 마련되면서 중국, 한국, 네덜란드 배만이 일본 바다에 들어갈 수 있었다. 정부는 해외무역으로 이득을 취하기를 바라면서도 외국인의 입국을 제한하고 일본인의 출국을 금지하는 등 통제를 계속했다. 막부는 자급자족 상태로 남고 싶어

했고 스스로 고립을 바랐다. 비록 은둔과 지역주의적 고립 정책이 지배적이었지만, 그 지역에서 보다 적극적인 존재가 되어야 할 필요성을 주장하는 사람들도 있었다. [도판 4.6]은 1785년 일본에서 제작한 한국 지도인데, 분명한 일본 방식으로 만들어졌다. 붓으로 그린 이 수채화(지도)는 아마도 하야시 시헤이林子平(1783~1793)가 발행한 지도의 필사본일 텐데, 그는 일본 군사력 발전에 영감을 불어넣은 군사전략가였다. 뒤늦게야 우리는 그가 팽창주의 일본의 선구자였음을 알게 되었다. 효과적으로 군사작전을 수행하고 바다에서 강력한 존재감을 형성하기 위해, 1785년 그는 한국·오키나와·일본을 다룬 〈삼국접양지도三國接壤之圖〉를 펴냈다. 일본과 주변국과의 거리가 얼마나 가까운지를 밝혀내는 것도 목적 중 하나였다. 그의 저작들은 외부의 위협을 강조하고 보다 효율적으로 군사력, 해군력을 키우자고 역설한다. [도판 4.6]의 한국 지도는 팽창주의 일본의 초기 단계를 보여 주는 중요한 자료다.


# 유럽, 새로운 이웃

근대 초의 세계화 과정 속에서 한국과 유럽은 점점 가까워졌다. 접촉, 공통 업무, 문화 교류, 과학기술 교환이 증가했다. 처음에는 속도가 느렸지만, 보편적인 지구 공간이 만들어지고 표현되면서 축적되어 갔다.

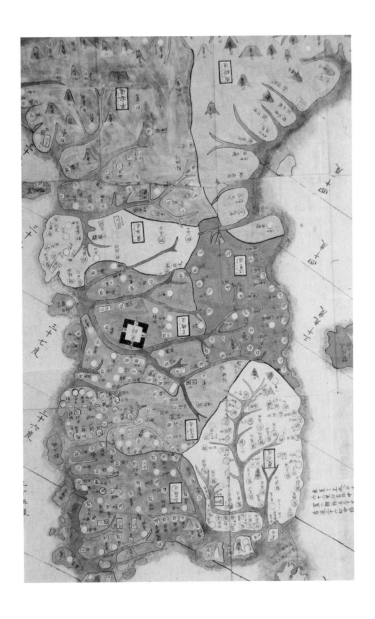

4.6 한국, 1785년, 미국의회도서관 소장.

〔도판 4.7〕은 베네치아의 유명한 우주학자 빈첸초 코로넬리Vincenzo Coronelli(1650~1718)가 만든 세계지도다. 그는 더 넓은 시장을 위해 그리고 엘리트 통치집단을 위해 지구본과 지도를 제작한 프란체스코회 학자였다. 루이 14세의 왕실 지도 제작자이자 베네치아 공화국의 우주학자로서, 그는 보편적 지리학 지식의 범세계적 네트워크의 중심에 있던 인물이었다. 1693년 그는 자신이 제작한 지구본의 토대가 된 지도책《지구전서libro dei globi》를 펴냈다. 책은 국제 시장에서 사용하기 위한 것이었고, 따라서 17세기 말에 널리 보급된 최신의 유럽 중심적 세계상이 반영되었다. 〔도판 4.8〕은 1701년판이 한국을 자세하게 묘사하고 있음을 보여 준다. 한국이 드디어 반도로 묘사된 점, 초기 유럽의 지도에 나타나던 해안선의 혼란이 해결된 점은 주목할 만하다. 코로넬리는 최소한 윤곽만이라도 한국을 더 정확하게 묘사하기 위해, 동아시아에 관한 유럽의 넓고 깊은 지리학 지식에 의거했다. 그러나 한국에 관한 설명이 거의 없다는 사실도 주목해야 한다. 한국의 내부는 여전히 거대한 공백으로 남아 있다. 이를테면, 비록 정확도가 떨어지더라도 만리장성이 선명하게 그려진 중국과는 확실히 대비된다. 일본의 해안선에도 몇몇 지명이 달려 있다. 당시 중국과 일본은 유럽 지도 제작자들에게 상대적으로 잘 알려져 있었으며, 동양과 서양 사이에는 지도 제작과 관련된 지식도 공유되고 있었다. 지금 우리는 중국과 일본 사이에, 혹은 그들과 유럽 사이에, 지도 제작상의 조우가 이루어지던 시대를 보고 있다. 그러나 여전히 한국은 이 연결 고리의

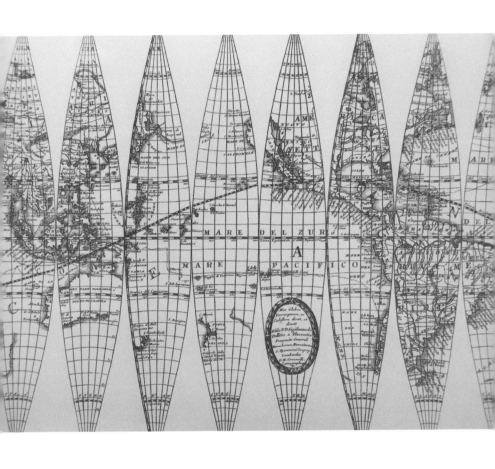

4.7 코로넬리의 《지구전서》 중 세계지도, 1701년판, 미국의회도서관 소장.

4.8 [도판 4.7]의 자세한 부분.

가장자리에 머물고 있었다. 나라의 윤곽은 그나마 알려졌지만, 자세한 것
은 여전히 흐릿할 뿐이었다.

유럽은 지도를 제작할 때 한국에 관한 정보를 몇몇 경로를 통해 구할
수 있었다. 최우선 경로는 한국에 관한 정보를 보유하고 있는 중국과 일
본이었다. 중국과 일본의 초기 지도는 한국에 대해 가설적인 수준에 머물
던 유럽의 초기 지도보다 자세히 묘사했다. (그러나) 유럽인이 동아시아
지역으로 꾸준히 들어오면서, 지도 제작상의 복잡한 상호작용이 시작되
었다. 그 형태는 실로 다양했다. 우선 중국 정부의 지시로 유럽 예수회 선
교사들이 제작한 중국-예수회 지도들이 있었다. 또한 유럽 자료에 근거
하고 새로운 지도 제작 기술을 활용한 중국과 일본의 지도도 있었다. 그
리고 중국, 일본, 한국의 자료을 사용한 유럽의 지도도 있었다. 이 세 종
류에 대해 하나씩 살펴보자.

첫 번째는 1674년 페르디난트 페르비스트가 식자층을 대상으로 만
든 세계지도다. 우리는 이미 마테오 리치의 지도에 관해 이야기했다. 플랑
드르 피텡 Pittem 출신의 페르비스트는 열여덟에 예수회 수도사가 되었다.
1659년 그는 마카오를 여행한 후 북경으로 이동했다. 그곳에서 중국 문화
에 몰입해 남회인南懷仁이라는 중국식 이름까지 지었다. 그는 황제의 고문
이 되어 천문학과 지도 제작 분야에 크게 공헌했다. 페르비스트의 세계지
도는 원래 비단에 인쇄된 양반구 목판지도로 〈건여전도乾輿全圖〉라는 이름
이 붙었다. 이 지도의 세밀함은 〔도판 4.9〕에 나온 한반도를 보면 알 수 있

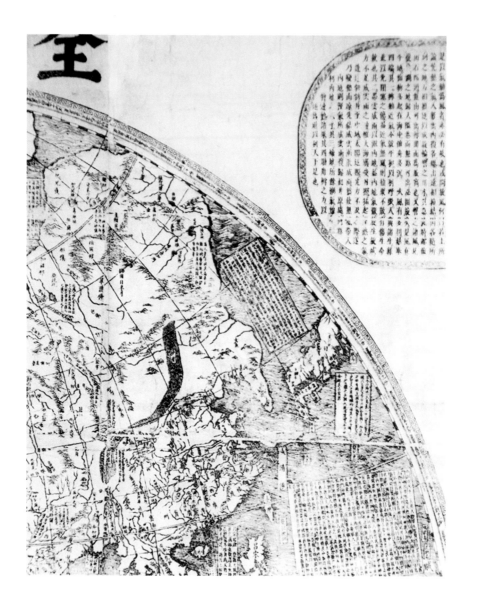

4.9 페르비스트의 〈곤여전도〉 부분, 1674년판.

다. 황제의 명으로 제작된 페르비스트의 지도는 여러 지도 제작 문화가 공존하는 좋은 예다. 유럽 예수회 선교사들이 중국에서 제작한 중국-예수회 지도는 유럽과 중국의 지도 제작 전통이 함께 어우러져 교양인 독자층에게 한국을 더 정확하게 소개해 주었다.

두 번째는 현재 도쿄 이데미쓰出光 미술관에서 보관 중인 17세기 일본의 병풍식 지도다. 일본과 네덜란드 방식이 혼합된 이 거대한 세계지도는 메르카토르 도법을 사용했으며 네덜란드인의 지식에 근거하고 있다. 네덜란드인은 1600년에 일본에 왔는데, 일본에 온 최초의 유럽인은 아니었다. 포르투갈인이 이미 1543년에 왔는데, 당장 일본 정부의 눈길을 사로잡은 화기火器와 더불어 가톨릭 선교사들도 데려왔다. 선교사들은 처음에는 환영받았다. 그러나 16세기 말부터 일본의 집권층이 그들을 사회질서에 대한 위협으로 간주하기 시작했고 1587년에는 추방령을 내렸다. 당시 (일본에는) 약 30만의 기독교 신자가 있은 듯하다. 종교보다는 무역에 관심을 가진 네덜란드인은 나가사키의 거대한 만灣에 있는 작은 섬, 데지마에만 거주할 수 있었다. 1639년경에 그들은 일본에서 교역을 허락받은 유일한 유럽인이었다. 이 작은 틈새를 통해서, 네덜란드의 정규 선단船團은 중국에서 비단, 유럽에서 식료품을 가져와서 일본 도자기를 가지고 떠났다. 그들은 점점 일본의 요구에 따라 지도들도 배에 실어 왔는데, 그 지도들은 예술적으로도 지리학적으로도 몹시 소중하게 취급되었다. 일본 화가들은 네덜란드 지도를 사용해 자기들만의 방식을 만들어 냈는데, 주로 병풍으로 제작했다. [도판 4.10]은 한국이 나타나 있는 거대한 지도의 일부다. 영문은 최근에 덧붙여진 것이며 원본에는 없었다.

세 번째 사례는 중국 예수회가 1708~1717년경에 프랑스어판으로 제작한 청나라 지도다. 지도 중 일부는 프랑스로 보내졌고 서양 독자들에게 중국을 가장 포괄적으로 소개한 책 중 하나인 장 밥티스트 뒤알드 Jean Baptiste Du Halde(1674~1743)의 《중국지》 1735년판에 수록되었다. 책에는 1708년부터 1717년까지의 조사 자료에 근거한 지도 마흔두 장이 수록되어 있다. 축척은 중국과 프랑스 방식에 의거해 측정되었다. 프랑스의 가장 뛰어난 지도 제작자 장 밥티스트 당빌 Jean Baptiste d'Anville(1697~1782)이 그 지도들을 그렸는데, 그중 하나가 〈조선왕국전도〉다. 그 지도는 2년 후 당빌의 《신 중국 지도 총람》에도 수록되었다. 이 책에는 뒤알드 책에 수록된 지도가 모두 담겼다. 당빌의 지도책은 유럽 독자들에게 중국을 가장 자세히 소개해 주었다. 여기에는 중국의 지방도 152장, 몽고 지도 열두 장 외에, 티베트 지도도 아홉 장 있었다. 그리고 한국 지도도 한 장 있었다. [도판 4.11]은 남부 해안 지방을 묘사한 부분이다. 이 지도는 당시로서는 한국에 관한 가장 정확한 지도였고, 거의 200년 가까이 그 자리를 내놓지 않았다. 또 지도에 한국을 표현하는 기준이 된 작품이었다. 당빌의 지도는 한국을 지도에 표현하는 작업에서 매우 중요한 성과였다. 예수회 지도 제작사, 중국인 측량기사, 한국인 안내인의 합작품으로, 파리에서 처음 출간된 후 수많은 판본과 필사본으로 유럽 도처에 널리 퍼졌다.

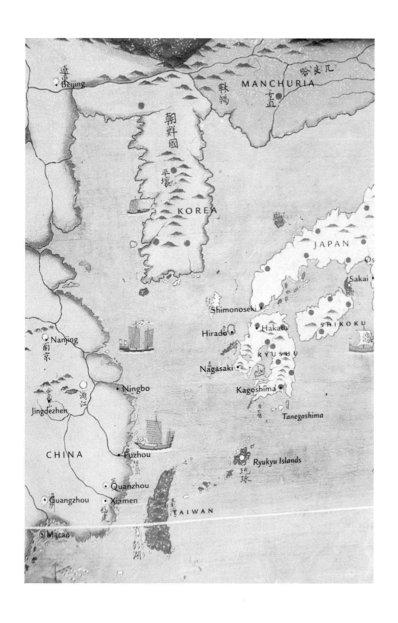

4.10 일본의 세계지도, 17세기, 일본 이데미쓰 미술관 소장.

4.11 당빌의 〈조선왕국전도〉 부분. 1737년판, 미국의회도서관 소장.

이제야 비로소 한국에 관한 매우 정확한 지도를 유럽 사람들이 처음 접하게 된 것이다.

1392년부터 19세기 말까지 즉 조선 시대 거의 모든 기간 동안, 한국은 유럽인에게 닫힌 나라였다. 그런데도 유럽 국가들이 지구 공간을 형성할 때 한국은 한 부분으로 지도화되기는 했다. 지구를 지도로 표현하는 것이나 외부 세계를 묘사하고 분류하는 것을 포함한 세계의 지도화는 계몽주의가 갖는 필수적이고도 확연한 특징이었다. 영국에서는 1660년에 왕립학술원Royal Society이 설립되었고, 프랑스에서는 이와 비슷한 과학아카데미Académie des Sciences가 1666년에 창설되었다. 지리학 지식의 확장과 계몽주의의 목적 사이에는 밀접한 연관성이 있다. 지리학 주제는 이성, 합리, 과학에 사로잡힌 계몽주의에서 핵심 부분을 차지했다. 세계는 지도화되고 묘사되어야 할 대상이었다. 에드먼드 버크Edmund Burke는 1791년 "인류의 거대한 지도는 아직 펼쳐지지 않았다"라고 말했다. 이 "펼쳐지지 않음"은 광대한 태평양을 지도화하기 위해 18세기에 행해진 표면상 과학적 조사라는 범위 안에서는 아주 분명한 사실이었다. 영국 쿡 선장Captain Cook, James Cook(1728~1779)의 대탐험, 프랑스 라페루즈La Pérouse(1741~1788)와 당트르카스토d'Entrecasteaux(1737~1793)의 태평양 항해, 에스파냐 말라스피나Malaspina(1754~1810)의 탐험은 야심 찬 지정학적 점유욕과 과학적 호기심이라는 두 요소가 배경이 되어 일어난 일이었다. 이런 탐험대에는 화가·과학자·지도 제작자 들이 포함되었고, 그들은 자신이 돌아다닌 세계를 묘사하고 분류하고 지도화하려 했다.

증가한 과학 지식에 대한 열망은 무역 기회를 찾거나 국가의 경제적 이익을 조성하는 일과 깊게 관계되었다. 예를 들어 1782년 주요 정치인과 해군이 주고받은 편지에서는 제임스 쿡의 마지막 항해에 관해 나눈 이야기가 있는데, 여기에서도 상업적 기회와의 연관성이 드러난다. "중국 북동부, 한국, 류큐를 비롯한 근해의 섬들에서 대규모 무역이 이루어질 수 있다. 이 나라들은 북쪽 지역에 자리하고 있어 혹독한 겨울을 맞이하므로 자연히 우리 모직물 공업에 대한 수요가 있을 것이고 또한 이득이 매우 큰 무역이 이루어질 것이다."

지리학자이자 왕립학술원 회원인 동시에, 동인도회사 기자이며, 장차 영국 해군성 최초의 수로측량사가 될 알렉산더 달림플Alexander Dalrymple(1737~1808)은 1769년 《왕국과 동인도회사의 무역 확대를 위한 계획A Plan for Extending the Commerce of This Kingdom and of the East-India-Company》을 출판했다. 기자로서, 무역 확장의 기획자로서, 해도 제작자로서 그리고 상업의 전도사로서 달림플은 과학과 상업, 탐험과 지리학적 서술 그리고 과학적 지식과 무역 기회 사이의 연결 고리들을 강화시켰다.

지도 제작을 위해 태평양으로 떠난 유럽 탐험대는 국가의 무역 기회 확대와 동시에 국력을 재단할 수 있는 척도이기도 했다. 우리는 한국과 인연을 맺은 세 나라, 프랑스·러시아·영국의 사례를 통해 이를 살펴볼 수 있다. 첫 번째는 라페루즈, 완전한 이름은 라페루즈 백작 장-프랑수아

드 갈로comte de La Pérouse, Jean-François de Galaup의 탐험이다. 이 프랑스 해군 장교는 1785년 루이 16세로부터 세계를 탐험하는 원정대를 이끌라는 명령을 받았다. 그는 무역 기회를 살피고 세상에 프랑스 깃발을 휘날리며 지리학적·과학적 조사를 행하라는 임무를 맡았다. 탐험은 영국과 벌이는 국가적 경쟁의 일환이었으며, 특히 영국의 제임스 쿡 선장을 모방하려는 시도였다. 쿡 선장은 1768년부터 1771년까지 그리고 1772년부터 1775년까지 두 차례 성공적인 세계일주 항해를 통해, 과학을 다시 쓰고, 지정학적 정렬을 재배치하고, 영국의 이익을 증가시키는 데 크게 공헌했다. 쿡 선장의 여행을 다룬 책들은 유럽인의 상상력을 사로잡았다. 당시 프랑스는 북아메리카 식민지를 잃은 후 북태평양과 남태평양에서의 세력 확장에 고심했으므로, 라페루즈의 탐험대는 쿡 선장을 겨냥한 대항마인 셈이었다. 라페루즈는 1785년 8월 1일 라부솔La Boussole과 라스트롤라브L'Astrolabe라는 두 척의 배로 브레스트Brest를 떠나 남아메리카를 거쳐 태평양으로 나아갔다. 1787년 1월 마카오에 도착했고, 그 후 북쪽으로 항해해 한국과 일본 사이에 있는 제주도를 지나 한국의 해안선에 접근했으며, 울릉도에 도착했다(라페루즈는 그 섬을 부하 장교 한 명의 이름을 따서 다즐레 섬Dagelet Island이라고 불렀다). 사할린과 홋카이도 사이의 해협은 아직까지도 라페루즈 해협이라 불린다. 또 남쪽으로는 영국인 바로 다음으로, 보타니 만Botany Bay에 도착했고, 그 새로운 식민지에서 6주 동안 머물렀다. 또 오스트레일리아를 떠나 북쪽으로 항해해 갔는데, 그 후 다시는 소식이 들려오지 않았다. 그러나 그의 저서, 지도와 해도 일부는 남아서 전하고 있다. 그가 여정 중에 여러 차례 그것들을 전송해 두었기 때문이다. [도판 4.12]는 울릉도를 자세히 다룬 지도로, 라페루즈가 죽은 뒤에 출판된 것이다. 함대가 그 섬과 맞닥뜨렸을 때, 선장은 어느 해도에서도 찾아볼 수 없는 섬을 발견했다는 기록을 남겼다. 기록에 따르면 1787년 5월 27일 섬에 접근을 시도했으나 강풍으로 인해 밀려나고 말았다. 그러나 다음 날에는 바람이 가라앉았고, 마침내 라페루즈 선장은 섬에 도달할 수 있었다. 닻을 내릴 정도로 수심이 깊은 곳을 찾지 못한 까닭에 그는 작은 보트를 내리게 했고, 결국 매우 정확한 측량을 할 수 있었다. 라페루즈는 저서에 "그 섬의 북위는 37도 25분, 동경은 129도 2분"이라고 정확한 기록을 남겼다. 한국은 보편적인 좌표에 자리하고 있었다. 비록 라페루즈는 상륙은커녕 현지인들(본토로 가져가 팔 배를 만들기 위해 매년 여름 그 섬에 오던 한국인들)과 대화를 나눌 기회조차 없었지만, 정확하고 과학적인 기계장치 덕에 섬의 정확한 위치를 지도 위에 표시할 수 있었다. 이로써 한국은 폐쇄성에도 불구하고, 지구 공간에 통합되어 근대 세계의 일부가 됨으로써 세계적인 지도 제작 열풍의 한 자리를 차지하게 되었다.

또한 한국은 러시아의 지도에도 자주 등장한다. 제정 러시아는 동쪽으로 영역을 넓혔다. 본디 자그마한 모스크바 공국公國에 지나지 않던 러시아는 1550년부터 1700년에 걸쳐 태평양까지 진출하며 대륙의 강자로 거듭났다. 모피 무역이라는 유혹과 지정학적 요구가 러시아를 동쪽으

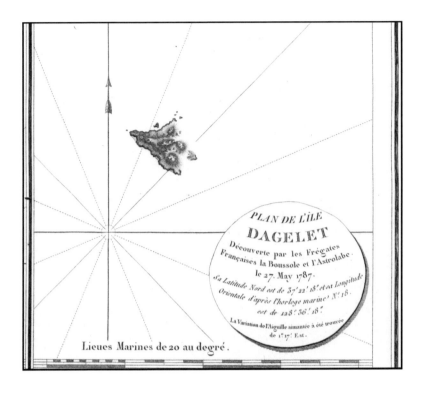

4. 12  라페루즈의 《세계여행기》 중 울릉도(다즐레 섬), 1797년판, 미국의회도서관 소장.

로 향하게 했다. 표트르Pyotr 대제大帝는 덴마크의 항해가 비투스 베링Vitus Bering(1681~1741)을 고용해 동아시아를 탐험하도록 했다. 그는 두 차례 탐험대를 이끌었는데, 1728년에는 캄차카, 1741년에는 북아메리카가 대상이었다. 첫 번째 항해 때 지도는 1737년 당빌의《신 중국 지도 총람》에 수록되었다.

팽창주의 제국답게, 러시아인은 자신들이 통제하는 제국을 지도상에 마치 가까운 동네처럼 표현하려 했다. 1696년 차르tsar는 "외적들의 땅"도 함께 담은 시베리아 지도를 만들라는 명을 내렸다. 그리하여 한국은 수많은 시베리아 지도를 제작한 세멘 레메초프Semen Remezov가 1699년부터 1715년 사이에 만든 러시아 지도책에 실린 지도에서 처음으로 모습을 드러내게 되었다. 러시아의 지도들은 그 지역에 대한 탐험과 중국과의 접촉을 근간으로 작성되었다. 톨마체바Tolmacheva는 지도 제작의 발전을 낳은 러시아와 중국 사이 외교 관계의 특별한 시기들을 정리했다. 1689년과 1727년의 국경 조약으로 이어진 자료 수집 활동, 1848년부터 1863년까지 이루어진 대규모 탐험이 여기에 포함된다.

동아시아에 대한 러시아의 영향력은 증가와 감소를 되풀이했다. 그들의 초기 팽창은 1689년의 국경 조약으로 종말을 맞았지만, 1840년대가 되자 더 강력한 팽창주의 정책이 시작되었다. 아무르Amur 지역은 1858년과 1860년 중국과의 조약으로 합병되었다. 마크 배선Mark Bassin은 이런 19세기의 팽창을 연구했다. 그는 그 지역이 아주 멀리 떨어진 곳이라

는 점이 그 지역을 수많은 구상과 계획의 대상이 되도록 했다고 주장한
다. 특히 아무르가 러시아 민족주의 정서를 담을 그릇이자 문명 전파라는
막연하고 보편적인 임무 수행의 도구로써 마치 신대륙처럼 묘사되었다는
점은 주목할 만하다. 급진적인 지식인 알렉산드르 헤르첸Alexandr Herzen
조차 러시아의 팽창과 만주 합병을 "전진하는 문명의 발자취 중 가장 중
요한 순간"이라고 표현했다.

상트페테르부르크, 암스테르담, 파리, 런던을 잇는 지식인층의 회로
를 통해 제정 러시아의 끄트머리에서 제작된 지도들이 유럽 전역에서 집
대성되어 출판되었다. 1724년에 암스테르담에서 출판된 〈대 러시아 제국
의 새로운 지도Carte nouvelle de tout l'empire de la grande Russie〉에는 한국에 대
한 묘사가 담겨 있다. 상트페테르부르크 왕립학교는 1775년 일련의 지도
들을 출판했고, 유럽에 널리 보급되었다. 한국 지도는 안토니오 자타Anto-
nio Zatta(1757~1797)가 1779년에 지도 214장을 수록하고 네 권짜리로 펴낸
지도책《세계지도 총람Atlante novissimo》에 실려 있다.

러시아 해군 또한 북태평양 탐사에 가담했다. 19세기 초인 1803년
부터 1806년까지, 쿡이나 라페루즈처럼 세계일주 임무를 맡은 두 척
의 배 중 하나인 나데즈다Nadezhda 호 선장 이반 페도로비치 크루젠쉬테
른Ivan Fedorovich Kruzenshtern(1770~1846)은 북태평양의 서쪽 바다를 항해
했다. 그 후 1816년부터 1818년까지 이뤄진 오토 폰 코체부Otto von Kot-
zebue(1787~1846)의 항해와 1823년부터 1826년까지 이뤄진 페도르 뤼트

케Fedor Lütke(1797~1882)의 항해도 드넓은 바다를 지리학적으로 이해하는 데 보탬이 되었다. 〔도판 4.13〕은 크루젠쉬테른 선장이 1826년에 상트페테르부르크에서 펴낸《남쪽 바다에 관한 해도집Atlas iuzhnogomoria》에 실린 한국 지도다. 지도에서 한국 본토에 관한 정보는 별로 나타나지 않는다. 길도 그려져 있지 않고, 지명도 적혀 있지 않다. 이 지도는 바다에서 제작한 까닭에, 연안의 섬들과 해안선에 초점을 맞추고 있다.

동아시아를 보다 광범위한 지도로 만들기 위해, 러시아는 자기네 제국 영역의 끄트머리와 그 너머까지 탐험하는 과정에서 한국을 지도화했다. 1900년에 이르러서도 러시아지리학회Russian Geographical Society는 슈미트M. Schmidt가 이끄는 탐험대의 보고서를 발간했다. 최우선 목적은 생태계 조사였지만, 1900년 11월 11일자《뉴욕타임스》에는 "어쨌거나, 그는 지형 관찰을 위한 절호의 기회를 맞았다"는 기사가 실렸다.

1800년부터 1900년까지 거의 100년 동안 최강의 해군력을 자랑하던 영국은 전 세계의 해안, 섬, 바다, 대양의 위치를 파악함으로써 지구 공간 창출에서 중대한 역할을 맡았다. 윌리엄 브로턴William Broughton(1762~1821)은 이런 시대적 노력의 한 부분을 장식한 사람이다. 브로턴은 북서태평양의 조사를 담당한 영국 해군 선장이었다. 1796년 그는 400톤급 군함 프로비던스Providence 호의 선장으로서 사할린 섬부터 양쯔 강에 이르는 아시아 해안선을 2년간 조사하라는 임무를 맡았다. 그리고 1804년 자신의 여정을《북태평양 탐사항해기A Voyage of Discovery to the

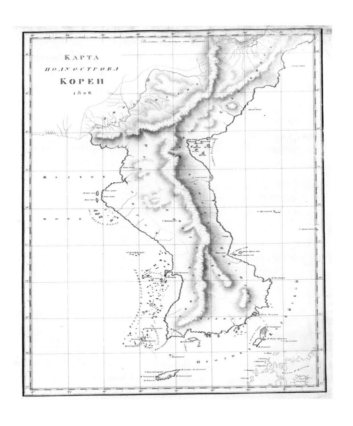

4.13 러시아의 한국 지도, 크루젠쉬테른의《남쪽 바다에 관한 해도집》,
1826년판, 미국의회도서관 소장.

North Pacific Ocean》라는 제목의 책으로 출판했다. 담담한 문체로 서술된 이 책은 보편적인 경위도의 격자 속에 여러 지역을 포함시킨 책으로, 온통 위치에 관한 이야기로 가득하다. 그는 여러 곳에 자기 이름을 남겼다. 그 후 서양의 많은 지도가 한국과 쓰시마 섬 사이의 바다에 "브로턴 해협"이라는 이름을 붙였으며, 남해안과 서해안에는 아직도 "브로턴 만"이라고 적혀 있는 지도가 많다.

　　1797년 10월경 브로턴은 일본의 쓰시마 섬을 지나 한국의 남해안에 이르렀다. "뭍으로 올라가면서 우리는 해변을 따라 드문드문 나타나는 몇몇 마을을 발견했다." 해변에 상륙한 그는 (부산으로 추정되는) 한 시골 마을에 방문해 고도, 위도, 경도에 관한 과학적 글을 기록했다. 그 책에 따르면 그곳은 북위 35도 2분, 동경 129도 7분에 위치했다. "시야가 확보될 만한 고도로 올라가고, 경도에 따라 먼 곳을 관찰한 후, 우리는 이동했고, 여러 마을에서 벌여 준 잔치에 참석했다. … 많은 마을이 만을 둘러싸고 우리가 발견한 총안銃眼이 있고 흉벽胸壁이 갖춰진 성벽으로 둘러싸인 거대한 무덤의 북서쪽에 흩어져 있었다." 그 다음 날에는 일단의 "유력자들"이 영국인의 파티에 참석했다. "그들은 크고 헐렁한 가운을 입었고, 매우 넓고 테두리가 도드라진 높은 관 같은 검은 모자를 쓰고 있었으며, 저마다 부채를 들고 있었다. 그들은 주로 우리가 그들 나라에 가져간 지식에 대해 집중적으로 물어보는 경향을 보였다. 그러나 의사소통이 거의 되지 않았으므로, 우리의 답변이 그들을 별로 만족시키지 못할까 염려스러웠다." 이 영국인들은 자기네 배로 돌아갔지만, 다음 날 더 많은 수의 "유력자들"이 작은 보트를 타고 건너왔다. 언어상의 어려움에도 불구하고 그들은 영국인에게 떠나 주기를 바란다는 뜻을 전했다. 심지어 그들은 출발을 재촉하기 위해 식수와 목재를 보내 주기까지 했다.

외국인에 관한 소식이 행정조직을 통해 최고위 관리에게까지 전해졌으리라는 점은 충분히 짐작하고도 남는다. 브로턴의 기록에 따르면, 입고 있는 관복의 특징으로 미세한 지위 차이를 정밀하게 나타내고 있던, 관리들은 영국인과의 접촉을 꺼렸고 어서 떠나주기만을 바랄 뿐이었다. 몰이해와 무관심이 인간적인 만남을 방해했다. 그러나 브로턴은 역시나 고도, 위도, 경도에 대한 세밀한 측정 수치를 남겼다. 문화적 지도 제작이라기보단 수학적인 결과물에 가까웠다. 한국은 하나의 사회로 존재하기보다는 하나의 공간으로 측량되고 포함되었다. 한국은 교류를 원하지 않았지만, 어쨌든 과학적 측량은 자리를 잡았고, 근대지도에는 그들의 해안선이 포함되었다. 비록 고립을 원했지만, 자신들이 근대 세계의 활짝 펼쳐진 지도 안에 녹아 들어가는 것을 도저히 피할 길이 없었다. 이것이야말로 근대 세계로 입장하는 한국에 대한 적절한 표현이다.

# 5 조선 후기의 지도

역사가들은 장기간에 걸친 조선 시대를 다양한 방법으로 구분했다. 전통적으로는 세 시기로 구분했다. 첫 100년 동안의 조선 초기는 우수한 통치자들이 중앙집권화를 이룩한 시기였다. 그 다음 거의 두 세기에 걸친 조선 중기는 중국과 일본의 침입과 전쟁으로 점철된 시기였으며, 이어서 조선 말기는 유학과 전통 신분제 사회가 약화되고, 영조와 그 아들*을 제외하고, 장기간에 걸쳐 나타난 무능한 군주들로 특징지을 수 있다. 이 장에서는 조선을 전기와 후기로 나누는 간단한 구분법을 택하려 한다. 이런 구분은 정확하지는 않다. 이는 두 시기를 세계 역사상 가장 오래 지속된 왕조라는 단일한 단위로 파악하려는 시도와 깊게 연관되어 있다. 조선의 역사에는 전 시대에 걸쳐 일관성도 나타나지만, 전기 조선과 후기 조선은 몇 가지 확연한 차이점이 있으며, 따라서 우리는 그 시대를 구분할 필요가 있다.

첫째, 통치의 정당화에 대한 요구다. 이는 초기에 특히 중요했는데, 시간이 지날수록 중요성은 점차 약화되었다. 조선 이전 시기에는 불교와 유교가 각자 국가 종교와 정치 이론 역할을 분담하며 상호보완적 양상을 보였다. 그러나 불교는 조선 전기에 크게 약화되었고, 사원이 소유한 토지는 압수당했다. 조선은 토착 종교를 부활시킴으로써 정통성을 주장했고, 국가 종교였던 불교를 억압했으며, 중국을 세계 문명의 중심으로 여

* 정조를 영조의 아들로 착각한 듯하다.

겨 유대를 강화했고, 신유학(성리학)을 통해 사회정치 질서를 수립했다. 세월이 흘러 수세기에 걸쳐 조선의 통치가 계속되면서, 정통성을 창출하는 것보다는 유지하는 쪽으로 초점이 옮겨졌다.

둘째, 조선 후기에는 전례 없는 외부의 정치적 도전이 있었다. 16세기 들어 그 지역에 등장한 유럽 열강은 한국과 외부 세계와의 관계를 극적으로 바꿔 놓았다. 중국, 일본, 만주 등 직접 마주하고 있는 이웃만 신경 쓰면 되는 시대가 지난 것이었다. 네덜란드, 영국 그리고 미국의 지정학적 비중이 점점 커졌다. 그들은 세계를 바라보고 상상하고 표현하는 새로운 방식을 가져왔고, 그것은 한국의 지도 제작에도 영향을 끼쳤다. 이어서 그 지역 국가 사이의 관계에도 변화가 일어났다. 1600년경 엄청난 혼란이 있었지만, 그 후로는 19세기까지 새로이 안정되었다.

조선 전기와 후기의 단절도 1600년경의 일이다. 당시 한국은 일본과 중국의 전쟁터가 되었다. 일본은 한국에 중국을 적대하는 동맹을 맺자는 요청을 했으나, 한국이 이를 거부하자 1592년 16만 병력으로 침공해 왔다. 1597년 재차 침공할 때 동원된 14만 병력은 더욱 심각한 피해를 입혔다. 명 제국의 군대 또한 한반도에서 일본군과 싸웠으며, 그로 인해 피해는 더 심각해졌다. 이후 중국에 침입해서 청 왕조를 세운 만주족은 1627년과 1636년에 한국에 침입했다. 거의 50년에 걸쳐 침입, 전쟁, 사회적 혼란을 겪은 조선이 장차 쇄국정책을 쓴 것은 어쩌면 당연한 일이었다. 조선은 중국 및 일본과의 관계를 통제했으며 유럽인과의 접촉은 피했다.

왕조가 비교적 안정되었으므로, 쇄국정책은 약 200년간 매우 성공적이었다. 한편, 청나라는 1644년부터 1911년까지 존속했고, 도쿠가와 막부는 1600년부터 1868년까지 지속되었다. 17세기 중반부터 19세기 중반까지 약 200년 동안 중국과 일본 그리고 한국에서는 통치가 상당히 안정적이었다.

셋째, 조선 후기에도 거의 왕조 최후의 순간까지 대외관계에서 놀라운 안정성이 나타난 반면, 내부적으로는 사회적 긴장이 점점 고조되었다는 점이다. 전통적으로 조선은 신분제 사회였다. 16세 이상의 남자는 성명, 생년월일, 사회적 신분이 적힌 호패라는 신분증을 휴대해야 했다. 이런 경직된 체제는 안정성을 확립하고 고정적으로 사회질서를 구축하려는데에서 비롯되었다. 그러나 인구 증가, 경제성장 그리고 이로 인한 사회적 변화는 성리학 중심 사회의 사려 깊은 안정성을 해칠 새로운 위협 세력을 낳았다. 또한 귀족층의 토지에는 면세라는 특권이 주어졌으므로, 고질적으로 재정 문제도 나타났다. 국가 수입의 대부분이 토지세에 의존했으므로, 흉년이면 농민들은 몹시 괴로워질 수밖에 없었다.

고착화된 전통의 무게는 극소수의 왕족 및 귀족과 절대 다수의 평민으로 구성된 엄격한 신분제도를 공고히 하고 또 재생산했다. 유교의 가르침은 원래 능력 중심의 정부를 꾸릴 것을 제안했다. 그러나 한국의 통치 집단은 상류 계급의 남성으로 제한되어 있었다. 토지 귀족 출신의 배경 좋은 학자 관료 집단은 '양반'이라고 불렸다. 그들은 학문을 군사 업무보다 중시했으므로, 군인 계급은 이웃 일본에 비해 크게 부각되지 못했다. 또한 전통적으로 양반층은 자신들의 품격을 떨어트린다는 이유로 상업을 기피하는 경향도 있었다. 이 관료 집단은 매우 보수적이었다. 따라서 스스로 빠르게 변화하거나 급격하고 낯선 정치 변화에 대응하기 힘들었다. 또한 공공의 이익을 추구하기보다는 개인의 사회적 지위를 유지하는 데 훨씬 관심이 많았다. 게다가 귀족 가문 간의 파벌 싸움은, 거듭되는 흉년으로 농민들의 상황이 심각하게 악화되던 고질적 문제와 함께, 긴장을 형성하는 중요한 원인이 되었다. 따라서 대기근으로 촉발된 대규모 농민봉기와 지방 반란이 전 시대에 걸쳐 일어났다. 19세기에는 18년 동안 기근과 질병으로 100만 명이 사망하기도 했다.

그러나 기근, 이기적 관료 집단, 까다로운 통치 엘리트 들에 수시로 시달려 벼랑 끝으로 내몰리고 억압받는 농민층의 일반적 상황 이면에는 새로운 사회 계층과 태도가 형성되고 있기도 했다. 그 나라(조선)와 그 지역(동아시아)의 정치적 안정 덕분에 경제가 성장하고 무역이 발달한 것이다. 일부 농민과 상인은 부유해졌고, 새로운 상업정신이 형성되어 상업보다 학문을 강조하던 성리학에 도전했다. 또한 농업의 상업화와 경제성장이 부농과 영리한 상인 들로 하여금 평민 집단에서 몸을 일으킬 수 있도록 도움으로써 신분의 상향 이동도 시작되었다. 18세기 들어 풍속화와 일상용 도자기가 많이 제작된 점 등은 선택받은 상인이나 농민 사이에 부가 축적되고 있음을 보여 주는 증거다. 의심 없이 양반층에 바쳐지던 존경심도 보다 비판적인 정신에 자리를 내주었다. 문맹률이 낮아져 정치적 담론의 폭도 확장되었다.

넷째, 새로운 지식 수용을 둘러싼 인식론적 대립이 있었다. 유럽 중세와 근대 초의 지리학적 이해가 새로운 세계를 담아낸 지도들에 무너졌듯이, 조선 역시 중국을 세계의 중심으로 보지 않는 새로운 지도들의 영향을 받았다. 17세기 초부터, 중국에 갔던 한국 사신들은 세계의 형상과 규모와 배치에 관한 새로운 발견으로 낡은 신념 체계의 뿌리를 흔든 중국 예수회 세계지도를 들여왔다. 이 지도들은 전통적 가르침에 근본적 의문을 던지고 예로부터 이어져 온 교리를 공격함으로써 주목할 만한 인식론의 상승을 이끌었다. 그런 새로운 지식은 얼른 받아들여지는 경우도 있었고 의문이 제기되는 경우도 있었다.

다섯째, 조선 후기 사상사의 중요한 주제인 실학사상이다. 이는 주로 실용적 학문이라는 의미로 받아들여진다. 전통 양반층에 강력히 자리 잡고 있던, 순수하게 형이상학적이고 토론을 강조하던 풍조는 17세기 후반부터 눈앞의 사회 현안을 해결하기 위한 지식과 학문을 추구하는 학자들로부터 도전을 받기 시작했다. 17세기와 18세기의 주된 관심사는 농업 생산력을 높이고 효율적인 토지세 제도를 만드는 등의, 주로 농촌 관련 문제였다. 시간이 지나면서, 산업화와 해외 기술 도입을 지지하던 사람들은 점점 국가 경제의 근대화를 추구했다. 사회적 긴장이 심화될수록, 이 새로운 실용 학파는 경제·사회·기술 문제 들에 관한 해결책을 더욱 추구했다. 실학파는 대중의 의식을 고양시키고 사회정책을 발달시키고자 했다. 경제 붕괴와 정통성에 대한 회의가 현 상황에 관한 광범위한 비판을 촉발시키는 등 위기의 순간이 올 때 그들의 사상은 특히 발전했다. 실학은 현실 문제와 괴리된 냉담한 양반층에 맞서 성장하던 대항마였지만, 일반 대중의 생계에 관한 시급한 정책을 마련하려는 그들의 호소는 결국 실패로 돌아갔다. 실학 운동은 한 번도 주류에 진입하지 못했다. 그러나 분명히 당시의 요구에 영향을 끼쳤다. 지지자들은 보다 실증적이고 경험주의적인 접근을 요구했으며, 또한 한글 사용을 고무하고 한국 고유의 역사와 정체성을 인정해 민족정신을 함양해야 한다고 외쳤다. 앞으로 차차 이야기하겠지만, 실학 운동은 지리학 지식과 민족적 지도 제작에도 영향을 남겼다.

조선 후기에는 사회를 개선하려는 다양한 시도가 있었다. 예를 들어, 영조(재위 1724~1776) 시대에는 새로운 조세 정책이 채택되고 농업 생산력이 향상되었다. 다양한 개혁 학파들이 나타나 더 효율적인 정부, 더 공평한 사회, 더 생산적인 경제를 요구했다. 이 모든 학파의 등장은 경제적, 정치적 위기가 닥쳤다는 증거였다. 뒤늦은 깨달음이지만, 조선 후기는 체제 붕괴로 이어질 종말의 시작이었다. 우리는 역사라는 유리한 위치를 점하고 있으므로, 체제의 남은 날이 얼마 되지 않는다는 것도 알 수 있고, 당시 사람들은 확실하게 감지할 수 없던 부패와 쇠퇴의 징후도 쉽게 골라낼 수 있다. 어쨌거나, 경제 변화와 인구 성장으로 인한 조선 후기의 새로운 상업 정신과 사회 비판 태도가 전통적 권위 집단이 막거나 통제하려던 새로운 사회 동력을 낳았다는 사실은 분명하다. 변하지 않는 듯하던 조선의 통치라는 잔잔한 수면 아래에서는 사회 변화와 정치 갈등의 물결이 점차 격하게 일고 있었다.

학자들은 종종 내부 갈등이 증가하던 후기와 비교해 1400년부터 1600년까지의 조선 전기를 평화, 활력, 문예부흥의 시대로 묘사하곤 한다. 성리학 중심 사회 건설, 자기 나라를 상상하고 보고 글로 쓸 새로운 방식인 새로운 문자(한글) 창제 같은 활력은 세종(재위 1418~1450)의 통치기로 형상화된다. 세종은 국가 토대의 확립에 조언을 보태고 과학과 기술의 발전을 촉진시킬 학자군을 양성했다. 자현 킴 해보쉬Jahyun Kim Haboush에 따르면, 1600년 이후의 왕실과 통치 집단은 그 전 200년 동안 나타난 자신감을 다시는 회복하지 못했다.


## 지도 제작

조선 후기의 지도 제작은 전통 방식을 계승함과 동시에 새로운 형태를 만들어 내는 양상을 보였다. 조선은 지구 공간 창출을 거부했고 자신들이 그 일부라는 사실도 부정했다. 성리학 사회 질서는 혁신보다는 전통에 대한 존중을 강조했다. 따라서 조선 초기에 만들어지고 발달한 지도 형태가 계속 이어져 제작되었다는 점은 놀라운 일이 아니다. 예를 들어, 〔도판 5.1〕은 1721년경 제작된 지리지에 실린 한국 지도다. 제작자는 원씨 성을 쓰는 사람이다. 그에 대해 알려진 것이라곤 과거시험에 합격했지만 이 지도가 실린 지리지를 펴낼 때까지 관직을 얻지 못했다는 사실 뿐이다. 그의 지리지는 14세기 초 주사본의 지도들을 근거로 했다. 또한 이 한국 지도에는 15세기부터 발달하기 시작한 정척의 지도 방식이 반영되어 있기도 하다. 바꿔 말하자면, 1721년의 지리지를 만든 사람은 거의 400년 전 중국 지도들을 사용한 동시에 약 200년 전부터 발전하기 시작한 자신들의 지리지 형식에도 영향을 받은 것이다. 제작자는 서문에 다음과 같은 글을 남겼다.

나는 어릴 적부터 여행을 하고 싶었다. 그러나 온 세상은커녕 한국의(조선의) 삼백 고을조차 다녀보지 못했다. 따라서 나는 예로부터 내려온 방식에 따라 지리지를 만들었다. 그것을 오랫동안 들여다보고 있으면 어느 순간 내 야망을 실현한 듯한 기분이 든다. 아침저녁으로 내 작은 책상 위로 몸을 굽힌 채 지냈고, 고민하다가 끄적거리다가 하곤 했다. 그리고 하나의 광대한 파노라마 속에 군과 현, 도, 사해四海와 수천 리에 걸친 끝없는 영토가 있었다.

이 책에서 의미하는 "전 세계"는 중국, 만주 그리고 한국으로 이루어졌다. 서문 또한 조선 후기 지도 제작의 학구적, 심지어 관념적이기까

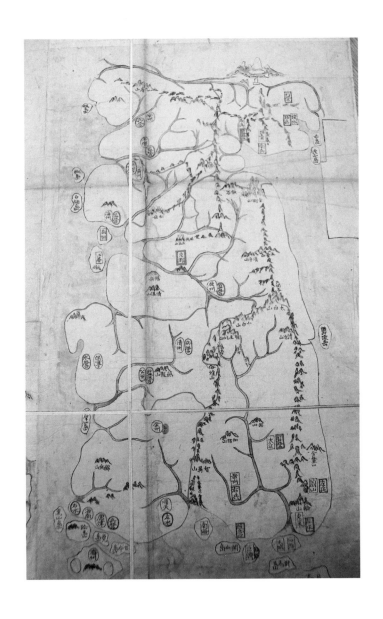

5.1 한국, 1721년, 미국의회도서관 소장.

지 한 특징을 드러내고 있다. 그 지도들은 여행·무역·통제를 가능케 하는 지리학적 도구라기보다는 상상, 심지어 몽상까지 불러일으킬 작품이었다. 지도는 지리학 정보 체제에서 거의 만다라화 같은 기능을 했다. 〔도판 5.1〕의 북쪽 국경의 백두산을 세심하게 묘사한 점과 관청 소재지를 강조한 점으로 볼 때, 지도는 영구적 자연물과 고정된 관공서 사이에 일대일 해석을 설정함으로써, 물질적이고 정치적인 지리학을 일관된 국가 전체에 연결시킨 것이다. 지도를 살펴보면, 국가적 통일성을 느낄 수 있다. 성스러운 장소와 관청 소재지를 함께 표현한 것은 정치적인 것을 자연화하고 자연을 정치화한 것이었다.

〔도판 5.2〕는 1800년경의 작품으로 보이는, 목판으로 인쇄한 두루마리 지리지의 일부로, 경상도 지도의 작은 부분이다. 19세기쯤에 제작된 작품이지만, 승람이라 알려진 15세기 중국에서 시작된 방식을 따르고 있다. 이 지도에는 활자가 잔뜩 찍혀 있는데, 그것이 산과 강을 일러 주는 유일한 단서다. 지도라기보다는 문서에 훨씬 가까운 이 지도는 조선의 지도 제작에서 글자가 맡은 중요한 역할을 입증한다. 활자와 글자는 구상적 具象的인 것과 추상적인 것 모두 별개로 제작되었으므로 지도의 맥락에 쉽게 적용할 수 있었다. 지도에서 글자는 시각적 기호인 동시에 언어학적 기호도 되었다. 글자는 그림이나 글과 더불어 지도 제작에서 중요한 부분을 차지했다.

조선 후기의 다른 지도들은 조선 초부터 이어진 주제와 형식을 계승

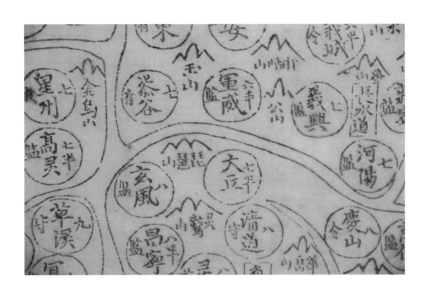

5.2 경상도, 1800년경. 미국의회도서관 소장.

했다. 예를 들어, 새의 눈으로 보는 듯한 기법을 사용해 입체적 느낌을 살림으로써 지도의 산수화 같은 특징을 유지시켜 주었다. 이는 1800년경의 평양을 그린 지도인 [도판 5.3]을 보면 잘 나타난다. 섬세한 붓놀림으로 도시를 세밀하게 표현함으로써, 정확한 지도일 뿐 아니라 예술 작품이라는 느낌까지 준다. 흡사 그림과도 같은 표현 방식은 조선 전 시대에 걸쳐 보편적이었다.

조선 전기의 형세도는 조선 후기에도 제작되었다. [도판 5.4]는 아마 조선 말기에 제작된 것으로 보이는 서울 외곽의 지도다. 여러 측면에서 근대의 지도다. 지도는 동판銅版에 인쇄되었고, 가는 선들은 토지의 높이를 나타내고 있으며, 지도의 주제는 수도 외곽의 난잡한 지역이다. 그러나 모든 근대적 기술과 상징에도 불구하고, 전통 방식으로 제작된 (그 지역) 지도들의 흔적이 역력하다(도판 2.8 참조). 옛 지도와 새 지도의 만남은 조선의 지도 제작에서 형세도가 지니는 영원한 생명력을 상징한다.

조선 후기 지도들은 조선 전기에 발전한 형태와 방식을 잘 활용했다. 형식은 수세기에 걸쳐 모방되었고, 회화적인 지도 제작과 잠재적인 풍수지리학적 표현이라는 지속된 전통이 존재했다. 그렇지만 새로운 발전상도 조금 나타나기 시작했다. 따라서 조선 후기는 낡은 세계관과 새로운 세계관이 매우 선명하게 눈에 띈 시대라 할 수 있다. 예를 들어, 맥케이A. L. Mackay는 조선 후기 초에 활동한 경상도 출신의 중요한 고위 관료 김수홍金壽弘(1601~1681)의 지도 제작에 주목했다. 김수홍은 북경을 방문해 서

5.3 평양, 1800년경, 미국지리학협회도서관 소장.

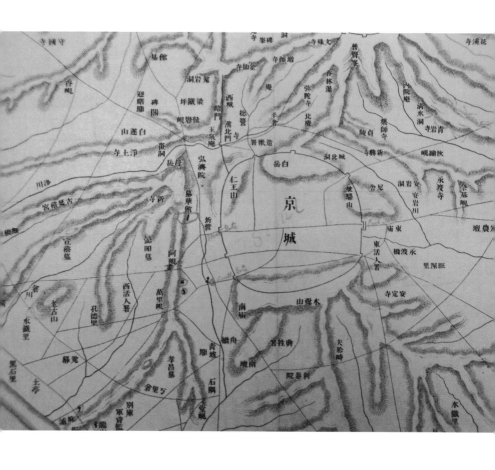

5.4 서울, 1910년경, 미국의회도서관 소장.

양 과학에 관한 서적과 물건을 들여왔고, 1666년에 〈천하고금대총편람도天下古今大總便覽圖〉를 완성했다. 한편으로 그 지도는 당시에도 낡은 형식의 지도였다. 기원전 120년부터 180년까지의 자료들을 참고했으며 세계지도를 불교의 만다라화처럼 표현했다. 그렇지만 종교적 우주론에 전통적인 신뢰를 보내는 한편으로, 새로운 측량법에 관한 힌트도 주고 있다. 즉 세계를 보는 전통적 시각과 새로운 방식을 함께 품은 것이다. 조선 후기의 지도 제작에는 이런 갈등이 형성되어 있다. 나는 가장 중요한 지도 형태 세 가지에서 나타나는 이런 창조적인 긴장감에 관해 이야기할 것이다. 그 세 가지는 세계지도, 지리지의 형태 그리고 정확한 전국지도다.

## 천하도

천하도天下圖는 "하늘 아래 세상을 그린 지도"라는 의미를 갖고 있다. 천하도들은 동아시아를 중심에 둔 둥근 세계를 그렸으며, 나머지 세계는 가장자리에 자리하고 있다. 이 지도들은 17세기부터 19세기쯤 제작되었다. 그리고 주로 지리지의 맨 앞에 나타난다. 〔도판 5.5〕는 1700년경 제작된 사례다. 중앙에는 중국·한국·아시아·아라비아·아프리카로 구성된 중심 대륙이 위치하고, 내해內海가 에워싸고 있으며, 또 다른 대륙이 다시 둘러싸고 있다. 매우 정형화된 이 세계지도는 다양한 형태를 갖추고 있다. 현재 영국박물관에서 보관하고 있는 1800년경에 제작된 또 다른 지도는 중국을 "중원中原"이라 적었다. 이 중심부에서 멀리 이동하면, 묘사가 정확하지 않고 차라리 상상에 의존하는 경향을 보인다. 가령 "털북숭이들의 땅," "외눈박이들의 땅," "교양 있는 여인들의 땅"과 같은 식이다.

천하도는 조선 후기 한국의 수많은 지리지에 나타나는 독특한 형태의 지도다. 지도의 중심은 오늘날 티베트에 있는 곤륜산崑崙山인데, 이 때문에 많은 학자가 이런 한국 세계지도의 기원을 티베트 불교로 상정한다. 예를 들어, 나카무라는 그 지도들이 중국-티베트 자료로부터 얻은 불교 우주관과 11세기 이후의 중국 지도들에서 비롯했다고 주장한다. 또 그에 따르면, 천하도는 본질적으로 중국을 통해 전파된 불교 만다라화다. 이 주장에는 많은 문제가 있다. 불교는 조선 전기에 기세가 꺾였고, 따라서 공식적으로 성리학이 장려되던 시대까지 변함없이 살아남았으리라고 보기는 어렵다. 이에 레드야드는 대안을 제시했는데, 1402년 〈강리도〉에 나타나는 대륙의 윤곽이 그 후 대륙을 묘사할 때 나타나는 변화의 근간이 되었다고 주장했다. 천하도에 나타나는 대륙의 형태는 〈강리도〉에 처음 나타난 대륙의 모습이 계승되는 과정에서 재해석되어 나타난 재미있는 결과다.

이보다 종합적인 해석이 오상학에 의해 제기되었다. 그는 여러 요소를 한데 그러모았다. 첫 번째는 천하도가 둥근 하늘과 네모난 땅이라는 중국 중심의 관점을 분명하게 드러내고 있다는 점이다. 둥근 원은 땅이

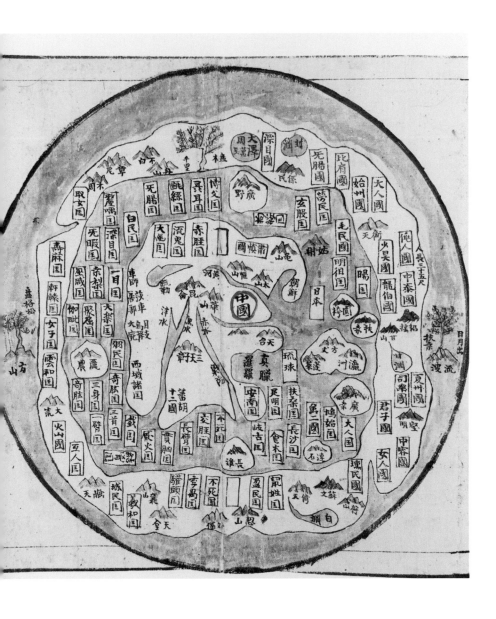

5.5 천하도, 1700년경, 미국의회도서관 소장.

아닌 하늘을 나타낸다. 많은 천하도 속에서, 별자리는 원의 테두리 밖에 존재해 원이 하늘을 나타낸다는 이론을 강하게 뒷받침한다. 〔도판 5.5〕를 다시 보자. 둥근 하늘 속에서 네모난 땅이 더욱 명확하게 나타난다. 두 번째 요소는 아주 오래된 중국 학문에 의존하고 있다는 점이다. 지도에 적힌 지명은 기원전 300년경 작성된《산해경山海經》을 비롯해 아주 옛날의 중국 문헌을 참고한 것이다. 추연鄒衍(기원전 305~240)의 저서들의 흔적 또한 나타난다. 이런 고대의 저작들이 사용된 것은 서양과의 접촉으로 인해 넓은 세상에 대한 지식이 크게 부족하던 유교 경전의 권위가 무너졌기 때문이다. 달리 말해, 천하도들은 중화주의 세계관이 나타나고 중국의 옛 지리지에서 정보를 얻었지만, 서양과의 접촉에서 비롯된 결과물이기도 하다. 이에 더해, 오상학은 이 복잡함 속에 도교 요소도 포함시켜야 한다고 주장한다. 지도의 동쪽과 서쪽에서 일출과 일몰을 표시하는 나무들은 도교 신앙에서 신성시되는 나무들을 상징한 것이다.

천하도는 구태의연한 자료보다는 오히려 서양과의 접촉에 의해 생겨 났으며, 당대의 자료는 물론 먼 고대의 중국 문헌에 근거해 만들어진 새로운 상징적 자료다. 또 전통적 신념이 전혀 새로운 세계적 지리학에 따라 산산이 부서지며 시작된 지리학 지식의 위기에 대처하려는 창의적인 시도였다. 급격한 변화가 나타날 경우, (적절한) 대응으로 새롭고 근대적인 것의 난감한 불확실성을 다루기 위해 믿음직하고 안전한 자료를 활용함으로써 현재를 역사에 맞추는 것이다.

천하도는 원본을 변형 없이 답습하지 않고 옛것을 계승한 표현을 바탕으로 수정을 가했다. 예를 들어, 〔도판 5.6〕은 경위선을 갖춘 세계지도다. 18세기에 제작된 지도들 중에는 때때로 전통적 세계지도 위에 경위선 망網을 덧씌운 것들이 보인다. 이런 사례는 중국-예수회 소속 지도 제작자들이 사용한 경위도 축척이 반영된 것이다. 중국은 재차 "중원"이라 표기되었다. 〔도판 5.7〕은 19세기 중반에 제작된 지리지의 필사본이다. 대륙의 윤곽은 이제 표준 좌표와 거의 흡사하다. 길쭉한 아메리카 대륙은 지도의 오른쪽에서 찾아볼 수 있고, 북아메리카와 남아메리카 사이에는 "식인종들의 나라"라 적혀 있다. 이 지도는 마테오 리치의 세계지도에 기반했으며, 마르틴 발트제밀러Martin Waldseemüller(1475~1522)의 1507년 세계지도 등 더 오래전 서양 지도 제작자들의 작품도 반영되었다. 이 천하도는 기본적으로 둥근 형태를 유지하면서, 보다 넓은 정보가 반영된 지리학적 표현도 담고 있다.


## 지리지

조선 초기에는 서적이 엄격하게 통제되었고, 후기가 되어서야 비로소 통제가 조금 느슨해졌다. 지리지들, 특히 휴대 가능한 작은 지리지는 비교적 많은 이들이 장만할 수 있는 서적 중 하나였다. 재질은 뽕나무 껍질이

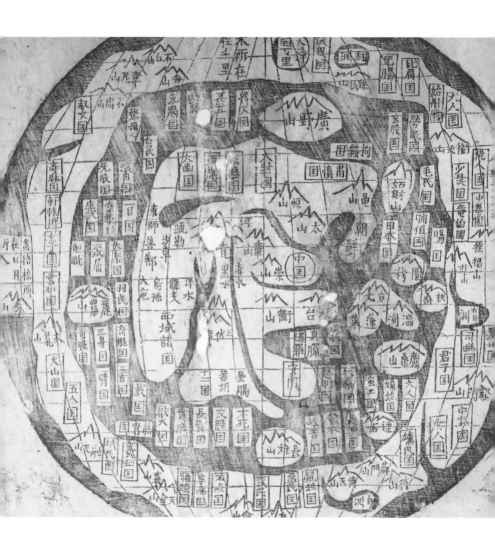

5.6 천하도, 1760년경, 미국의회도서관 소장.

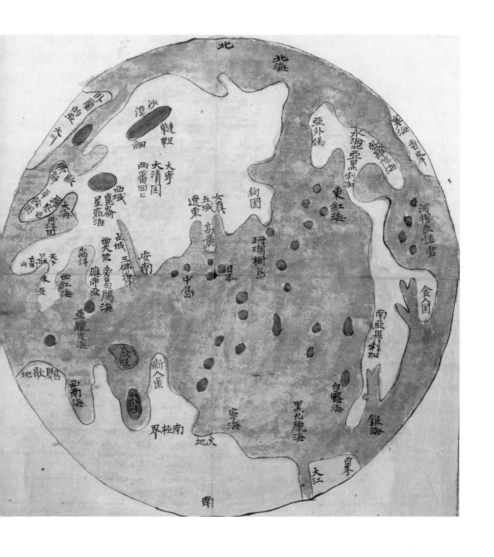

5.7 천하도, 1800년대 중반, 미국지리학협회도서관 소장.

고 손으로 만들었다. 대부분의 한국 지리지는 세 가지 형태로 만들어졌다. 목판, 필사본 그리고 동판이다. 필사본 지도는 주로 옛 지도를 베낀 것이었다. 인쇄본 지리지는 19세기 후반이나 되어야 널리 사용되었다. 지리지는 한국 지식인들의 서재에서 중요한 요소였으며, 중국 고전이나 기본 유교 경전을 읽는 것과 마찬가지로 인식되었다. 그리고 구닥다리 세계관이나 옛날 지방 경계를 제시함으로써, 종종 지리학적이라기보다는 오히려 역사학적인 모습을 보였다. 지리지는 당대의 자료로 받아들여지기보다는 차라리 경전 해석에 적용하거나 국가 혹은 지역의 윤곽을 대강 이해하기 위한 매개체로 사용되었다. 정확한 지리학 정보체계라기보다는 오히려 보편적인 지적 자산에 가까웠다.

지리지 중에는 두루마리로 제작된 것도 더러 있는데, 각 장의 지도가 다음 장과 연결되어 있어 지도들은 한 줄로 죽 늘어서 펼칠 수 있었다. 〔도판 5.8〕은 19세기 한국의 두루마리 지리지인데, 나는 이것을 워싱턴의 의회도서관 독도실讀圖室에서 펼쳐 보았다. 이 도판은 조선 지도 제작의 "펼칠 수 있다는 특징"을 흥미롭게 보여 주고 있다. 이 특수한 사례를 비롯해 이런 지도에는 색이 칠해져 있지 않다. 색은 훗날 손으로 입혀졌다. 여기에는 표준적인 컬러키color key가 없었다.

휴대용 지리지는 순서상에서 공통된 모습을 보인다. 광대한 범위의 지리를 다루는 지리지들의 경우, 연결된 지도를 오른쪽부터 왼쪽으로 읽어야 하는데, 첫 번째 지도는 천하도 유형의 세계지도다. 그 다음 가장 일

5.8 두루마리 지리지, 19세기, 미국의회도서관 소장.

반적인 진행은 중국 지도, 한국 지도 그리고 한국 각 도의 지방도다. 또한 일본과 류큐琉球의 섬들이 포함된 지리지도 간혹 있다. 이 지리지들에서 한국은 세 가지 방식으로 묘사된다. 중국 지도의 동쪽 가장자리에 자리하거나, 한국만 따로 그려지거나, 각 도가 따로 그려진 지도다. [도판 5.9]는 1760년경의 목판 지리지에 수록되어 있는 한국 지도다. 거의 기하학적 디자인이라 해도 될 황량함을 주목하자. 이것이 바로 승람 형식이다.

이처럼 매우 넓은 지리적 범위를 다루는 지리지들이 오직 한국과 그 주변국만 묘사하고 있다는 사실은 흥미롭다. 유럽 등 세계의 다른 지역을 다룬 지도는 하나도 없다. 세계는 정형화된 천하도와 중국 및 한국 지도를 통해 묘사되었다. 비록 이 시대에 들어 외부 세계에 관한 지리학의 이해가 깊어졌지만, 아직도 이 지리지들은 매우 제한적인 중화주의 세계 속에 한국을 견고하게 붙여 놓고 있다. 그 지도들은 최신 지리학 정보보다는 안정감을 제공한다. 한편, 당시 유럽의 지도는 이제 막 한국을 다루기 시작했다. 동양과 서양, 유럽과 아시아 사이에서 나타난 지도 제작상의 접촉을 보여 주는 사례도 있지만, 지도를 제작할 때 발생하는 고립은 아직 지속되었다. 근대 초의 지리학적 표현 양식은 매우 천천히 그리고 띄엄띄엄 생겨났다.

또한 각 도의 군현이 그려진 지도 등 지방도가 수록된 지방 지리지도 있었다. 예를 들어, 19세기 전라도 지리지에는 군현지도 54장이 포함되어 있다. 그 지도는 관청 소재지를 분홍색, 망루와 요새를 파란색으로 강조했

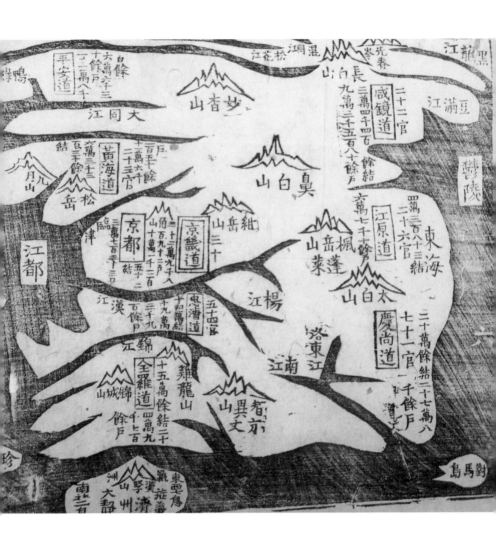

5.9 한국, 1760년경, 미국의회도서관 소장.

으며, 사원은 노란색 직사각형으로 나타냈다. 이처럼 세밀한 군현지도는 회화적인 지도의 전통을 따랐으며, 공공건물·사원·관사를 보여 주고, 인구 규모·경작지 면적·병력 현황 등이 적힌 첨부자료까지 갖추었다.

지방도는 지방관의 지시 아래 제작되었다. 지방관은 화공과 향리鄕吏에게 제작을 맡겼다. 전종한은 18세기 중반의 〈해동여지도海東輿地圖〉와 〈1872년 지방지도〉에 수록된 지방도에 관해 설명한다. 이 두 관제官制 지리지는 효율적인 통치와 행정을 위한 지리학적 정보 체제를 갖추려는 의도로 제작되었다. 그런데 전종한의 주장에 따르면, 그 지도들은 그 외에도 두 가지 중요한 특징을 더 갖고 있다. 형세도의 형식으로 풍수학적 묘사를 했다는 점과 주요 거점을 강조하고자 한 지도 안에 다른 축척을 적용하는 세련된 방식을 썼다는 점이다. 핵심적인 행정구역과 관청은 주변부에 있는 마을에 비해 훨씬 자세히 묘사되어 있다. 전종한은 그런 접근 방식에 대해 "현실 권력을 중심에 둔 공간 표현"이라 말한다. 사실 조선의 지도 제작은 대부분 이런 방식으로 설명할 수 있다.

이용자와 자료 모두가 증가 일로였음을 볼 때, 조선 후기에는 지도 제작에 관한 전문 지식이 발전했음을 알 수 있다. 부채 모양으로 만드는 등의 전통적 지도 제작 방식 외에도, 지리지의 인쇄·출판·필사 등이 이루어졌다. 이처럼 새로운 지도 제작 형태는 사람들 사이에 매우 넓게 전파되었다. 비록 이런 혁신이 이루어졌다고 해도, 여전히 다양한 형태로 옛 지도를 베끼고 다시 제작하는 등 옛 전통이 아직 큰 비중을 차지했다.

지도는 널리 보급되었지만, 그에 상응할 전 지구적인 지리학적 관심은 아직 형성되지 않았다. 지리지는 중국 중심의 세계 속에서 한국의 지위를 강화하는 경향을 보였다. 천하도는 이런 균형을 유지함으로써 근대성에 대응한 결과였다. 중화주의 세계관에 대한 신뢰, 조선이라는 국가에 대한 충성 그리고 그 땅에 대한 민족주의 정서는 조선 후기의 지도와 지리지 속에서 한국이 어떻게 묘사되었는지를 통해 뚜렷이 나타난다. 세계를 정확하게 인식하기보다는 민족의식을 확립하고 강화한 것이다.

## 전국지도

조선 후기에는, 실학 운동의 일환으로 보다 과학적 근거를 갖춘 지리학적 이해와 보다 정확한 전국지도 및 지방도가 제작되었다. 예를 들어, 정상기鄭尙驥(1678~1752)는 조선을 일반 축척에 맞춤으로써 일찍이 정확하고 자세한 지방도를 그렸다. 정상기는 표준 척도인 40만분의 1을 사용한 최초의 지도 제작자 중 한 사람이었다. 각 도의 크기가 서로 다른 점은 하나 혹은 여러 개의 도가 그려진 지면이 서로 다른 크기가 될 수도 있음을 의미했다. (따라서) 정상기의 방식으로 제작된 지리지는 마치 종이접기처럼 접혀진 장들로 구성된 복잡한 작품이 되었다.

정상기의 작품은 세계를 누비며 지도를 만들어 영토를 그려 내려는 제국주의 국가의 지도와 닮은 데가 있었다. 그는 프랑스의 루이 14세, 청나라의 강희제, 러시아의 표트르 대제와 같은 시대를 살았으므로, 그의 지도 제작은 프랑스, 중국, 러시아에서 국가적으로 조사했던 때와 같은 시대에 이루어진 셈이다.

정상기에 대해서는 거의 알려진 바가 없다. 그는 정규 관리가 아니었으므로 자신의 학문적 목표를 위해 독학을 추구했다. 그는 다양한 주제의 저술을 남겼는데, 화폐 사용을 반대하고 오직 의복과 쌀로만 무역을 하자고 주장하기도 했다. 또 당시 유행하던 중상주의에 물들지 않은 단순하고 순수한 조국에 신뢰를 보냈다. 그가 만든 지도들은 그가 죽은 후에야 정부의 주목을 받기 시작했다. 1730년쯤 제작된 그 지도들은 1757년에 영조의 시선을 끌었고 왕실 도서관에 보내져 필사되었다. 여러 차례 정부 혹은 개인이 제작한 지리지에 필사본으로 수록되었고, 18세기 중반부터 19세기 중반까지 조선을 표현하는 대표적인 형식을 제공했다.

정상기의 지도 제작은 정확성을 강조한 중국 예수회의 전통을 따랐다. 지도는 일반 축척으로 제작되었고, 지리 공간의 정보를 구성하고 표현하기 위해 격자무늬(경위선)를 확실히 사용했으며, 측지선測地線 자료를 폭넓게 사용했다. 중국인 지도 제작자들뿐 아니라 중국 예수회의 지도 제작까지 접함으로써 한국의 지도 제작이 새로이 발전했다. 정상기는 옛날 시도의 오류를 바로잡고자 40만분의 1 축척의 새로운 방식으로 한국 지도를 제작하기로 했다고 기록했다. 그의 작품들은 당시의 한국 지도 중 가장 정확했으며, 그런 점에서 조선 후기 지도는 옛 지도를 베끼기만 한 것이라는 해석을 뒤흔들었다. 조선 후기 지도 제작은 전통의 압박감과 혁신의 기대감, 즉 낡은 것과 새로운 것 사이의 창조적 긴장이 나타나던 현장으로 보는 것이 적절하다. 그 과정에서 안정된 것과 실험적인 것은 국가적 담론에 도전하고 또 영향을 미쳤다.

〔도판 5.10〕은 정상기의 1730년 지도를 베낀 19세기 필사본 지도의 황해도 부분이다. 이 지도는 손수 색칠한 것이다. 붉은색은 길을 가리키고, 노란색은 지방관아를 나타내며, 봉화대는 붉은 점으로 표시되어 있고, 그림으로 그려진 산봉우리는 초록색으로 칠해져 있다. 정상기의 지도와 그 필사본은 형세도 방식을 따르고 있다. 산맥과 강이 번갈아 나오며, 강은 산맥 사이로 흐른다. 이렇듯 산은 동맥처럼, 강은 정맥처럼 생기 있게 표현함으로써 그 풍경을 활기차게 했다.

정상기 방식의 지도는 다양한 필사 형태로 나타난다. 나는 그 사례들을 각 도를 따로 그린 지방도, 한 장에 경기도·충청도·강원도를 함께 그린 경우 그리고 한 장에 경기도와 충청도만 함께 그린 경우로 구분할 수 있었다. 한 장에 함경도 전체를 그린 경우도 있었으며, 함경도 북부와 남부 지역을 따로 그린 경우도 있었다.

그 지도들에는 많은 정보가 담겨 있다. 마을 사이의 거리가 기록되어 있고, 서울로부터의 거리가 적힌 경우도 종종 있다. 마을은 네 등급(부·목·군·현)으로 구별되며, 병력이 주둔하는 마을은 따로 강조되었다.

5.10 황해도 일부, 19세기, 미국의회도서관 소장.

지도를 제작하는 과정에서, 정상기는 거리를 측정하기 위한 보행기록계와 고도를 재기 위한 평판平板을 휴대하고 직접 산에 올랐다. 이처럼 형세도 방식에 정확도를 겸하여 갖춤으로써 지역적인 것과 지구적인 것, 전근대적인 것과 근대적인 것 사이에 중요한 접점을 제공했다. 정상기의 지도들은 "낡은 우주론과 새로운 과학적 지도 제작 사이에서 가교 역할을 했고, 따라서 한국의 지도 제작 역사에서 중요한 이정표가 되었다."

새로운 지도 제작자들은 중국과 중국-예수회의 지도 제작 방법을 접함으로써 크게 고무되었다. 17세기 초부터, 중국에 갔던 사신들은 서양의 영향을 받은 지도와 지리학 정보를 갖고 돌아왔다. 1631년 사신 정두원鄭斗源(1581~?)은 명나라에서 귀환할 때 중국어로 번역된 화학 및 지리학 관련 서양 서적을 들여왔다. 1644년에는 소현세자가 중국에서 귀국하며 서양의 과학 지식과 자명종이나 망원경 같은 과학 기구를 들여왔다. 중국 그리고 중국 예수회 저서들과의 접촉은 한국으로 하여금 세계를 새로 이해할 수 있도록 했다. 이런 새로운 지식은 때로 천하도 등 다른 지도와 경쟁을 벌일 때도 있고, 그 지도들에 차용되거나 큰 영향을 줄 때도 있었다. 또한 이런 새로운 지식을 활용하고자 한 학자들도 있었다. 홍대용洪大容(1731~1783)은 천체를 더 정밀하게 측정할 수 있는 과학 기구를 제작해 보다 정확한 세계지도를 제작할 수 있는 토대를 놓았다. 이미 〔도판 1.3〕을 통해 이야기한 최한기는 한국 최초의 지구본을 제작했고 지구학 입문서라 할 수 있는《지구전요》를 저술했다. 정약용丁若鏞(1762~1836)은《대동지

지大東地志》를 저술했다.* 이 책은 나라의 지리를 묘사했고 한국 모든 도시
의 경도와 위도를 규정했다. 또한 1811년 그는 지리학 서적인《아방강역
고我邦疆域考》를 저술했다. 정약용은 지명에 흥미를 느꼈을 뿐 아니라 국경
의 변천變遷에도 관심을 가져 국가의 영토와 영토주권에 관한 이야기까지
했다. 이처럼 실용적인 학문(실학) 및 민족주의 정서와 연계하여 보다 정형
화된 과학을 수용했다는 보편적인 맥락 속에서 우리는 조선 후기 지도 제
작의 위대한 작품을 이해할 수 있다.

　　김정호金正浩(1804~1866)는《대동여지도大東興地圖》라는 적절한 제목
의 한국 지도를 제작해 조선 후기 민족주의적 지도 제작에 정점을 찍었
다. 김정호와 그의 작품은 민족적인 전설로 남았다. 그의 지도는 옛날 한
국 지도들을 기리기 위해 2007년에 특별 발행한 기념우표에 수록된 네
지도 중 하나였다. 심지어 그의 이름은 하늘로 올라가기까지 했다. 2002
년 한 소행성에 그의 이름이 붙은 것이다.** 후세의 어떤 낭만적인 학자는
조국의 정확한 지도 제작에 스스로를 바친 낮은 신분의 인물로 그를 묘사
한다. 그는 세밀한 측정을 위해 수년에 걸쳐 전국을 답사했다. 그리고 돌
아온 후에는, 딸의 도움에 힘입어, 목판을 깎아 지도를 인쇄한다. 그런데
그 지도가 너무 정확한 나머지, 나라의 적들이 악용할 수 있는 보안상 위

---

* 《대동지지》는 김정호가 저술했다. 저자의 실수인 듯하다.
** 한국천문연구원이 발견한 소행성 두 개에 2005년 '홍대용 별'과 '김정호 별'이라는 이름이 붙었다.

험한 자료를 제작했다는 이유로 감옥에 갇힌다. 결국 그는 감옥에서 죽고 만다. 이런 그의 신화적인 거짓 이야기는 당시 한국에서 그의 지도가 얼마나 중요했는지 보여 주는 요소를 여럿 갖추고 있다. 그의 미천한 출생은 보다 민주적인 사회를 추구하고 봉건적인 과거와 거리감을 두려는 근대 한국에서 중요한 상징이었다. 그의 엄청난 과학적 성취의 초라한 출발 또한 당시 한국 사회의 출세 지향적 성향을 강하게 드러내고 있다. 고된 작업과 헌신을 통해, 상류층 출신이 아닌 사람도 위대한 업적을 남길 수 있음을 보여 주는 것이다. 그리고 그의 주제, 즉 조국을 보다 과학적으로 표현한다는 것은 역사 속 사건 및 숭고한 문화 자본과 연결 고리를 유지하면서 현재의 정당화를 추구하는 현대적 민족주의 정서 함양에 밑거름이 되었다. 김정호의 전설은 현대 한국에서 다양한 역할을 맡았다.

그의 삶이 별로 알려지지 않았다는 점이 바로 이런 낭만적 전설이 만들어질 여지를 제공했다. 우리는 그가 한미寒微한 가문에서 태어났고 따라서 당대의 공식 자료에 거의 나타나지 않는다는 사실을 잘 알고 있다. 별로 믿음이 가지 않는 이야기이긴 하지만, 그는 황해도 출신이라고 한다. 언제인지 몰라도 그는 서울로 옮겨 갔고, 그곳에서 목판인쇄 일을 하며 생계를 꾸려 갔다. 1834년쯤 그는 서양식 세계 반구도의 목판을 제작했다. 또한 같은 해에 《청구도靑邱圖》라는 한국 지리지를 펴냈다. 이 지리지는 도道별로 구성되지 않고 격자무늬 직사각형의 거대한 두 책册으로 구성되었다. 또한 남북 29층, 동서 22판으로 형성되었고 16만분의 1 축척을 사용했다. 이 지도는 하급 행정구역과 파발 체계까지 담아낸 매우 정밀한 작품이다. 또 호구 수, 경작지 면적과 수확량, 병력과 예비 병력의 수, 서울과의 거리 등 1828년 정부 조사자료를 근거로 했다. 김정호의 지도들이 공식 정부 자료에 기반했다는 사실은 정부의 협력이 상당했으리라는 점을 짐작케 한다. 이 작품에는 고위 관료인 최한기의 서문이 수록되었는데, 이는 지도들이 그의 허가를 받았음을 알려 준다. 그는 중앙에 집중된 정보에 접근할 수 있었고, 최성환崔瑆煥을 비롯한 고위 관리의 후원도 받을 수 있었다. 1791년 정조가 관상감에 한국의 여러 지역에 관한 정확한 측지 자료를 작성하라고 한 것도 김정호에게는 큰 도움이 되었다. 이 자료들이 바로 김정호 지도의 토대를 제공했다.

김정호의 작업 과정에 관한 기록이 남아 있다. 그는 행정구역의 약도에 강과 산을 그려 넣고, 동심원으로 행정 중심지를 표현하고, 역驛·요새·학교·성소聖所 등을 표시하려 했다. 이런 행정구역 지도가 모여 거대한 지도를 이루었다.

김정호는 이후 30년이 넘는 조사 작업에 착수한 결과 기술이 더욱 발전했고, 1861년에는 연구의 결정체라 할 수 있는 〈대동여지도〉를 완성했다. 이 지도는 30여 년에 걸친 조사와 연구에 기반하고 있다. 덕분에 조선의 모습은 훨씬 정교해졌고, 거리 또한 더욱 정확해졌다. 도로마다 약 4킬로미터에 해당하는 10리를 기준으로 거리가 계산되었다. 이런 계산법은 한국에 관한 시공간적 지도의 출현을 가능케 했다. 그것들은 산간 지역일

수록 더 촘촘하게 표현되었는데, 이로써 독자들은 그곳에 산이 많아 길이
가파르다는 사실을 알 수 있다. 이 지도에는 1만 3000개가 넘는 지명이
나오며, 그중 대부분은 1834년의《청구도》를 통해 바로잡은 것이다. 16만
분의 1의 세밀한 축척에 22종의 독립된 지도표를 사용한 까닭에 매우 상
세하다. 군사 지역에는 특별한 주의를 기울였다. 이 지도는 형세도 방식
중 단연 최고의 사례라 할 수 있다. 마치 산맥은 뼈대처럼, 강은 혈관처럼
갖추고 있다. 땅은 마치 살아 있는 몸처럼 표현되었다. 정치적 지리학과
물리적 지리학이 혼합되어 마치 살아 숨 쉬는 생명체 같은 국가적 일관성
을 가졌다. 산들은 연결되어 산맥으로 묘사되었고, 구불구불한 톱니 모양
으로 그려졌다. 모든 산맥은 백두산에서부터 뻗어 내려오는데, 이는 근원
적인 풍수학과 민족적 응집력을 모두 나타낸다. 또 많은 조선 지도에 나
타나는 문자는 적어 놀라울 만치 간단명료하다. 〈대동여지도〉는 명백히
근대적이다.

　〈대동여지도〉는 22첩으로 구성되었고, 각 첩은 20×30센티미터의
크기로 제작되었으며, 국토를 동에서 서로 가로지른다. 이 첩들을 모으면
6.7×3.8미터로 하나의 거대한 전국지도가 된다. 서울대학교 규장각에
가면 거의 2층 높이에 달하는 이 지도의 사본을 볼 수 있다. 김정호는 목
판 제작에만 한 해를 통째로 쏟았다. 판본 하나는 1861년에 인쇄되었고,
22개의 사본으로 제작되었다. 동일한 목판에서 또다른 판본이 1864년에
인쇄되었다. 요약본인 한 장짜리 목판 인쇄물도 1861년에 제작되었다(도

판 5.11).

　〔도판 5.12〕는 1864년 사본에 나타난 제주도 지도다. 거의 2000제곱킬로미터에 달하는 제주도는 한국 본토의 남쪽에 있다. 이 지도는 전형적인 김정호 지도로, 그의 전국지도에 필수인 요소가 모두 담겨 있다. 풍수학적 디자인 속에서, 산들의 체계는 화산인 한라산으로부터 분출되듯 줄지어 뻗어 있다. 정확하고 많은 정보를 담으면서도 아주 간단명료하다. 따라서 독자들이 너무 많은 정보 때문에 질릴 일도 없다. 도로가 직선으로 표현된 반면 강은 구불구불한 선으로 묘사되었다. 목판을 사용할 경우 강과 도로를 구별하기 힘든 법인데, 이것이 바로 김정호가 곡선과 직선을 사용한 이유다. 이 모든 것이 종합된 결과 단지 정확하기만 할 뿐 아니라 미학적으로까지 만족스럽다. 지도는 정확하고 많은 정보를 갖고 있으면서도, 절제된 형태의 아름다움, 즉 간단하면서도 정확한 제작 방식과 과학적 예술성을 함께 보인다. 이는 전통 풍수지리학과 새로운 과학, 즉 옛 기술과 새로운 방식을 성공적으로 접목시킨 혼성 지도다.

　김정호의 지도들은 새로운 학문이 정책적인 문제와 연계된 좋은 사례다. 그는 자신의 위대한 작품에 대해 "나의 지도는 나라가 어지러울 때에는 외적을 물리치거나 폭도를 진압하는 데 쓰일 것이다. 또한 평화로운 시기에는 정책을 시행하고 사회의 모든 일을 처리하고 경제정책을 강화하는 데 쓰일 것이다"라고 했다.

　당시 불안하던 정치 상황은 위 인용문을 통해 입증된다. 김정호는 외

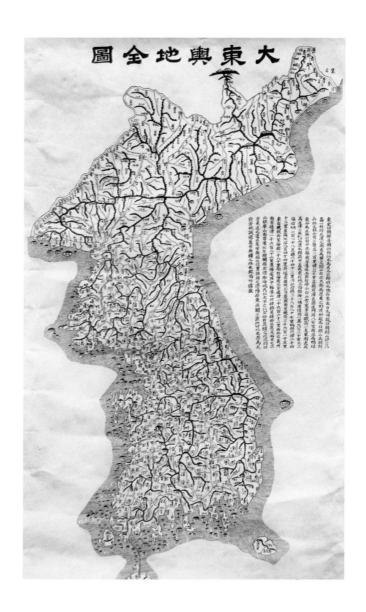

5. 11 〈대동여지도〉, 1861년, 서울대학교 규장각 소장.

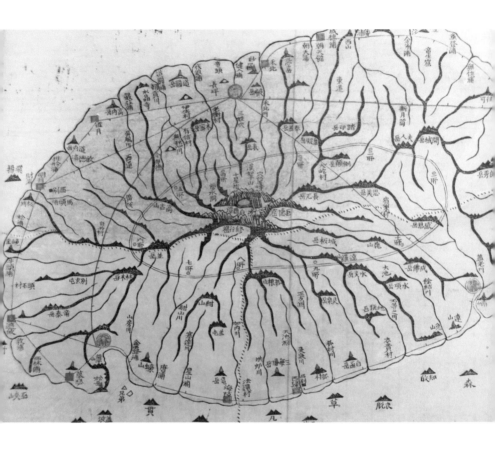

5.12 제주도, 1864년, 미국지리학협회도서관 소장.

부의 위협과 더불어 내부의 불안까지 강조했다. 19세기가 지나면서, 사회 갈등이 깊어지고 외부의 위협도 증가했다. 김정호의 지도가 인쇄될 무렵, 한국은 외부 세력으로부터 압박을 받았다. 1866년에는 프랑스, 1871년에는 미국, 1875년에는 일본과 각각 충돌했다. 조선 후기 200년 동안 지속되던 안정과 고립은 고통스러운 결말을 향해 빠르게 치닫고 있었다. 그의 지도에 군사 지역이 매우 세밀하게 표현된 것은 결코 우연이 아니었다. 한국은 내부 사회 갈등과 외부 세력의 간섭으로 인해 점점 위기가 고조되는 양상을 보였다. 1861년 제작된 압축적인 한 장짜리 한국 지도(도판 5.11)에는 다음과 같은 매우 과장된 문장이 포함되어 있다. "그곳은 천국의 창고이자, 황금의 도시다! 진정으로, 수백 수천만 세대에 걸친 영겁의 지복至福을 누릴 수 있을 것이다! 오, 이 얼마나 엄청나단 말인가!" 여기에는 애국적 열정의 요소가 있다. 즉 그 나라가 끝없는 행복을 누릴 수 없는 곳이 아닐까 하는 무언의 두려움이 내재되어 있는 것이다.

　김정호의 작품은 조선 후기 지도 제작에 나타난 중요한 성취다. 민족주의적 희망과 실용적 학문을 모두 강화함으로써, 정확함과 아름다움, 풍수지리학과 측지학, 간결함과 풍부한 정보를 두루 겸비했다. 그 지도는 위기의 순간에 제작되었다. 당시에는 200년간 지속된 한국의 고립(정책)이 끝을 보였고, 500년에 걸친 조선의 통치 또한 종말을 고하고 있었으며, 마치 심장박동처럼 빠르고 지속적인 변화를 통해 근대 세계가 불쑥 현실로 다가왔다.

# 지도 속 새로운 문구들

조선 최후의 수십 년 동안에는 내부 갈등과 외부 위협이 모두 증대되었으며, 더 넓은 세계로의 입장을 강요당했다. 호젓하게 지낸 날들은 새로운 지정학적 세력들의 등장으로 중국의 지배력이 바닥으로 떨어지면서 함께 끝나 가고 있었다. 일본이 군사 강국이자 팽창주의 세력으로 떠오르는 한편 구미 열강이 중국으로 직접 들어왔다. 나는 조선의 마지막 날들을 들여다볼 수 있는 창이 되어 줄 지도 속 문구 셋을 살펴보려 한다.

**공격**    〔도판 5.13〕은 오늘날 남한의 북서부에 위치한 강화도 지도의 일부다. 이 지도는 1870년대에 제작되었다. 얼핏 보기에 지도는 조선 시대 내내 흔하게 나타난 회화적 지도의 전형으로 보인다. 정확한 지도와 정교한 풍경화는 크게 다를 바가 없다. 그러나 자세히 들여다보면 해안선의 건물들에서 뻗어 나오는 붉은 선을 확인할 수 있다. 나는 이 그림을 동쪽이 위로 가게 회전시킴으로써 이 효과를 강조했다. 한강이 황해와 합류하는, 오늘날의 인천 지역 해안선에 있는 건물들을 자세히 그렸고, 붉은 선들로 대포와 소총의 발사를 표현했다. 이 지도는 한국인이 처음으로 서양 세력과 무력 충돌을 벌이고, 연이어 공격과 격퇴를 벌인 장소를 기록한 것이다. 확신하기는 힘들지만, 기존의 지도에 건물 및 포열선砲列線을 덧씌워 그린 것이 아닌가 싶다. 지도에 따로 마련된 공간에 그려졌다기보다

5.13  강화도, 1870~1880년, 국립중앙박물관 소장.

는, 나중에 밀어 넣은 듯한 느낌이다.

조선은 고립 정책을 고수했지만, 19세기 후반 들어 서구 열강과 신흥 일본은 호시탐탐 한국 시장에 진출할 기회를 노렸다. 당시 중국과 일본에서는 이미 조약에 의한 개항이 이루어졌다. 비록 한국과 서양의 접촉은 매우 제한되었지만, 선교사의 활동은 조금이나마 분명 있었다. 가톨릭 선교사들은 중국을 통해 건너왔고, 1860년경에는 약 1만 8000명의 개종자가 생겼다. 1866년 조선 정부는 가톨릭 사제들(대부분 프랑스인)과 현지 신도들을 체포해 처형했다. 당시 프랑스에 주둔 중이던 프랑스군은 이 소식을 접하고서 보복을 위한 군사 행동에 착수하기로 결정했지만, 정확한 지리 정보를 확보하지 못했다. 1866년 9월과 10월, 그들은 한강 입구에 있는 강화도 주변의 항해도를 얼마간 제작했다. 프랑스군은 강력한 요새로 방어되는 수도 서울을 공격하는 대신, 10월 16일 해병 170명으로 강화도 점령을 시도했으나 격퇴당했다. 한국의 방어 병력이 꾸준히 증강되는 것을 본 프랑스군이 즉각 철군한 것이다. 그런데 이 사건이 지도 제작에 남긴 바가 있었다. 강화도에는 매우 중요한 조선의 왕립도서관(규장각)이 있었고, 프랑스군은 프랑스국립도서관에 있는 한국 유물들의 근간을 이룰 보물을 대거 약탈해 갔다. 한영우는 이때 도난당한 보물 중 하나인, 1637년에서 1644년 사이에 제작된 아름다운 대형 필사본 세계지도에 관한 글을 썼다.

프랑스군은 물리쳤지만, 다른 서구 열강까지 모두 막아 내진 못했다.

프랑스군이 줄행랑을 친 지 불과 5년 뒤에, 한국과 무역을 개시하고 조약을 체결하려는 미국 사절단을 보좌하는 미국 전함 다섯 척이 도착했다. 한강 입구로 이어지는 강화 해협으로 미국 함대가 진입해 오자 한국군은 그들을 향해 발포했다. 당시 임무를 맡은 해군 제독은 산비탈에 줄지어 배치되어 있던 대포에 관한 기록을 남겼다. 이 충돌에서 발포는 우리가 〔도판 5.13〕에서 본 붉은 선들에 대한 설명이 된다. 이 포격은 한 척의 전함도 격침시키지 못했으며, 미군은 보복 공격을 감행해 250명의 한국인을 살해하고 다섯 곳의 요새를 점령했다. 이 충돌은 조선 정부 내 고립주의자들의 입지를 더욱 강화시켰다. 조선 정부는 교류를 거부하고 고립 정책을 다시 채택했다. 그러나 오래 지나지 않아, 강화도는 또 다시 외세의 침략을 받게 되었다. 1875년 9월에 일본 전함이 강화도를 향해 작은 보트 한 척을 띄워 보냈다. 한국군은 발포를 개시했다. 아마도 〔도판 5.13〕에 그려진 대포들이 다시 불을 뿜었을 것이다. 이듬해 일본 함대는 조선의 통치 집단을 협박해 항구 세 곳을 개방하는 강화도조약을 체결했다. 〔도판 5.13〕에 그려진 해안선은 프랑스, 미국, 일본에 의한 외부의 침략이 차례로 이루어진 곳이며, 고립주의를 택한 조선은 결국 문호를 개방하게 되었다.

**조약과 개항**    〔도판 5.14〕는 손으로 색칠한 목판 한국 지도다. 1857년과 1866년 사이에 초판이 인쇄된 후 널리 보급된 것으로 보인다. 이 지도는 70만분의 1의 균일한 축척으로 한국을 그렸으며, 마치 글자의 바다 속에 육지가 떠 있듯이 묘사되었다. 민족국가임을 세상에 알리는 자료다. 밀워키의 미국지리학협회American Geographical Society(AGS)도서관에 사본이 있다. 19세기 후반 혹은 20세기 초 한국에 살던 미국인은 거의 대부분 이 지도를 갖고 있는 듯하다. 미국지리학협회의 사본은 영문이 달려 있어 희귀성을 지닌다. 손으로 적은 영문은 부산·인천·원산 곁의 붉은색 닻 모양 기호를 보여 주는데, 세 항구는 1876년 일본에 의해 한국이 개방한 곳들이다. 〔도판 5.15〕는 부산항을 특별히 강조한 것이다.

외국인에게 무역권·거주권·치외법권을 허용한 이 항구들은 국권 상실과 세계 무역 가입을 의미한다. 이처럼 조약을 통한 개항은 서양의 식민주의 열강에 의해 처음에는 중국, 다음에는 일본에서 이루어졌다. 영국은 1차 아편전쟁(1839~1842) 승리로 청나라와 첫 조약을 체결했다. 1860년 항구 열여섯 곳이 개방되었고, 그 세기 말에는 50곳 이상으로 늘었다. 외국인은 국내 관세를 면제받고 국내 법규에 구속되지 않은 채 거주할 수 있었다. 1854년에는 매슈 페리Matthew Perry(1794~1858) 제독이 이끄는 미국 전함이 일본에 시모다 항을 열게 했고, 같은 해에 러시아 함대는 나가사키 항을 열게 했다. 개항을 강요하는 일은 신식민지주의적 지배의 보편적 방식이 되었다.

1866년부터 프랑스, 미국, 러시아는 한국에 개항을 강요하려 했지만 실패했다. 일본 군함이 작은 보트를 한국에 상륙시키려다가 포격을 당한

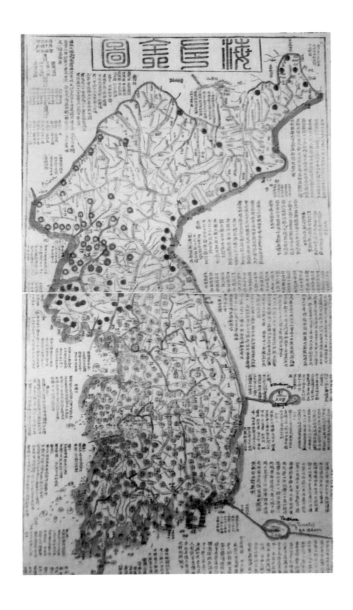

5. 14 한국, 1857~1866년. 미국지리학협회도서관 소장.

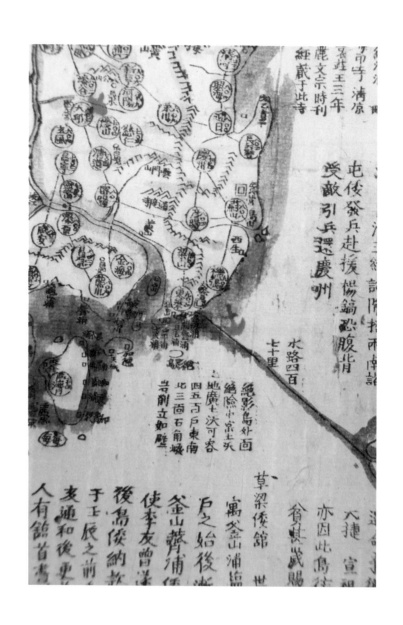

5.15 [도판5.14]의 부분.

사건이 있은 1875년 이후 일본의 시도는 상대적으로 성공적이었다. 이듬
해 일본 함대가 돌아온 것은 (과거) 페리가 일본에 했던 행위를 불길하게
되풀이한 것이었다. 전함 두 척, 병력수송선 세 척 그리고 외교용 선박 한
척으로 구성된 일본 함대는 항구 세 곳을 개항하고 한국을 중국과 종속적
인 관계에서 빼낼 강화도조약 체결을 강요했다.

　　외부 세력의 강요에 의한 개항은 경제적, 정치적 주권의 종말을 상징
한다. 또한 개항은 지방의 변화도 야기했다. 최용준에 따르면, 강화도조
약은 작은 마을이던 인천이 근처에 일본인·중국인·서양인의 거주지가
정해짐에 따라 넓은 도시로 변형되는 효과를 가져왔고, 인구도 1910년경
에는 50만으로 늘었으며 일본인도 약 1만 5000에 달했다고 한다. 인천과
다른 항구들은 일본이 한국을 통제하는 거점이자 외국인이 침투해 오는
입구가 되었다. [도판 5.16]은 정확한 제작 연도를 알 수 없는 필사본 인
천 지도인데, 1876년 조약이 체결된 직후 만들어진 것으로 보인다. 해변
가까이 자리잡은 일본인과 중국인 정착지로 정해진 구역이 나타나 있기
때문이다.

**들어오는 외세**　　앞서 우리는 19세기에 제작된 회화적인 평양 지도를 살
펴봤다(도판 5.3). 한국에 살던 미국인이 기증한 미국지리학협회도서관 소
장본의 일부다. 여기에는 나중에 적힌 글자들도 포함되어 있다. 특히 붉
은색 글자가 많다. 이름이 알려지지 않은 이 사람은 주요 관문, 고위 관리

5. 16 인천, 19세기 후반, 국립중앙박물관 소장.

의 거주지 외에 기독교도들의 존재까지 영문으로 기입했다. 〔도판 5.17〕
은 동문東門 옆에 세워진 장로교회를 강조한 것이다. 지도의 다른 부분에
는 교회 소유 부동산이 나타나 있다. 특히 지도 위의 표시는 평양에 외국
선교사들이 갑자기 등장했음을 보여 준다. 물론 이는 한국에서 전국적으
로 일어난 일이었다. 아마 이 표시들은 20세기 초에 만들어졌을 것이며,
당시 한국에 있던 선교사들의 활동을 보여 준다.

가톨릭 특히 프랑스 가톨릭 선교사들이 일찍이 18세기부터 한국에
온 데 비해, 장로교를 비롯한 개신교 선교사들은 1885년 이후에야 나타
나기 시작했다. 그들 중엔 미국 출신이 압도적으로 많았다. 조선 후기에
는 대체로 기독교가 금지되었다. 그러나 고종(재위 1863~1907)은 국가를 근
대화하고 미국의 도움을 구하기 위해 선교 활동을 지지했다. 1882년에는
미국, 1883년에는 영국, 1886년에는 프랑스와 조약을 체결했는데, 일련
의 계약을 통해 선교 활동의 범위는 확대되었다. 1882년 조약에서 선교
활동은 원래 개항장에 국한되었다. 1883년 그들은 한국 내에서 자유롭게
여행할 수 있고 항구로부터 33마일 이내의 지역에서 살 수 있게 되었지
만, 예배당은 개항장 안에만 세울 수 있었다. 1886년 조약은 기독교 선교
사들이 전국적으로 활동하는 것을 사실상 허용했고 치외법권까지 줬다.
예를 들어, 미국 선교사는 오직 미국 법의 적용만 받았고, 따라서 엄청난
독립성과 외교관에 준하는 신분을 보장받았다. 그리고 사유재산도 허용
되었다. 미국인 선교사는 그 수도 중요성도 증가했다. 평양은 기독교를

선교하는 데 매우 중요했으며, 그리하여 동방의 예루살렘이라 칭해지기까지 했다. 〔도판 5.17〕의 표시는 조선의 마지막 몇십 년간 뚜렷한 활동을 보인 외국인 선교사들만 나타낸 것이다. 또한 선교사들은 장차 일본이 조선을 점령하려는 시도에 대한 저항에서도 중요한 역할을 담당했다. 선교사를 근대의 과학적 세계관을 전파한 사람으로 파악하는 학자들도 있다. 그들의 존재가 한국의 지도에는 어떻게 나타나는지를 간단하게 보여 주는 자료가 있다. 이는 지역 문화에 그들이 끼친 영향을 보여 주는 쓸모 있는 자료가 될 것이다. 지구 공간 창출에서 그들이 맡은 세세한 역할에 대해서는 더욱 신중한 분석이 필요하다.

19세기 후반의 몇십 년과 20세기의 첫 10년 동안, 한국은 외부 세계로 향한 문을 강제로 열게 되었다. 외국인의 존재는 또 다른 지도의 영문을 통해서도 나타난다. 조선 후기에 서울은 빈번히 지도로 제작되었다. 19세기 후반 여러 종류의 지도(필사지도, 목판지도, 동판지도)가 널리 보급되었다. 서울의 규모가 커지면서, 안내용 지도도 제작되었다. 이는 도시를 자세히 다룬 지도와 넓은 수도권을 다룬 지도로 이루어졌다. 〔도판 5.18〕은 일본이 점령하기 직전에 제작된 서울의 동판지도다. 강과 도로는 현지답사한 결과물로 보인다. 도시를 둘러싼 성벽이 뚜렷이 그려져 있다. 미국인 선교사 등 서양인은 동대문, 궁전, 옛 궁궐, 도시 남부 및 남서부의 중국인 지역, 일본인 지역 등 외국인 거주지 같은 특별한 장소를 영문으로 적어 두었다. 또한 지도 상단의 우측에는 거주자, 교회, 병원, 학교를 가

5.17 평양의 자세한 부분, 1800년경, 미국지리학협회도서관 소장.

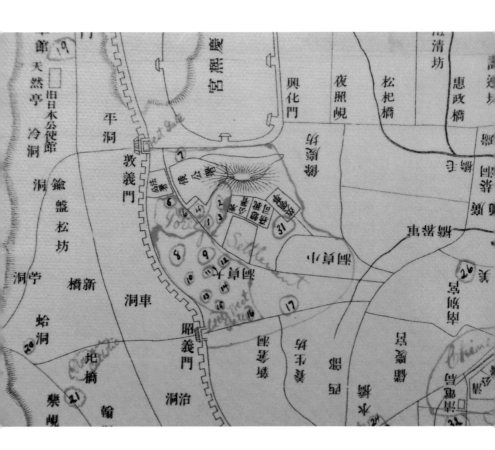

5.18 서울, 1900년경, 미국의회도서관 소장.

리키는 숫자의 목록이 적혀 있다. 예컨대, 이런 식이다.

    4 밀러 씨(Mr. Miller)

    5 기포드 씨(Mr. Gifford)

    6 남학교(Boys' School)

    7 장로교회(Presbyterian Church)

〔도판 5.18〕은 서대문 주변에 형성된 중국인 등 외국인 거주지를 나타낸다. 8은 감리교 여학교이고, 29는 감리교회, 그리고 31은 영국국교회 교회다. 반경 3마일 이내의 교외를 그린 나머지 지도에도 교회나 선교사 거주지가 나타나 있다. 지도 위에 적힌 글자는 외국인이 그 도시로 확실하게 침투하고 있음을 보여 준다. 한국 지도의 영문은 새로운 시대, 조선의 고립 그리고 근대 한국의 시작을 상징한다.

직선의 격자무늬는 고도의 근대정신을 나타내는 특유의 디자인이다. 제임스 스콧(James Scott)이 진보에 대한 신념과 사회를 합리적인 계획에 맞추려는 욕망이란 이기...라는 말은 이 경우에 해당하는 강력한 국가가 식민주의의 지배력을 한국에 행사하던 일본이었으므로 더욱 그럴싸하게 들린다. 이런 격자무늬(경위선)는 ... 의미하는 제국주의적 상징뿐 아니라 정보를 수집하고 과시할 때 필수적인 지도상의 연결 고리를 제공한다. 통제는 질서에 의해 정당화되고, 질서는 통제에 ... 기로 합리화되었음을 시사한다. 한국과 일본의 관계는 수세기에 걸쳐 때로는 식끄러웠고 때로는 평화로웠다. 13세기에는 한국과 몽골 연합군이 일본을 침 ...해를 입혔다. 그 과정에서 정부에서 제작한 소중한 세계지도가 모두 사라졌다. 한영우는 현재 프랑스 국립도서관에서 소장하고 있는, 1637년과 1644년 사이 ...을 대체하기 위해 제작되었다고 말한다. 일본 해적(왜구)은 한국 해안가 촌락에서 구준히 문제를 일으켰다. 그러나 17세기 초부터 19세기 후반까지, 한국과 일 ... 팽창주의적인 일본이 출현하는 변화를 암시했다.

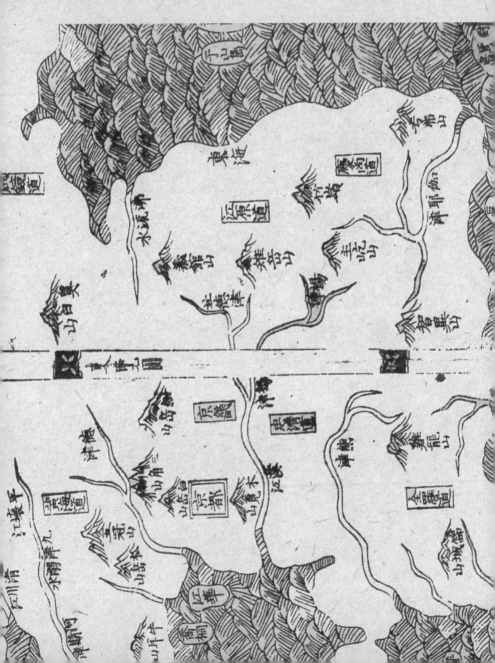

도 하다. 스캇의 책 제목인 "국가처럼 보
리게 한다. 합리적 질서나 제국의 통제를
하는 동시에 한국어 지구 공간 창출에 억
한반도를 두 차례 침입해 어마어마한 피
지도가 약탈당하거나 파괴된 세계지도들
은 조선왕조가 쇠퇴하고 군국주의적이고

근대
이후의
한반도의

# 6 일제 강점기

〔도판 6.1〕은 일본의 격자무늬 지도(경위선을 나타낸 지도)다. 1921년에 제작되었으며, 한국을 지도의 그물망에 집어넣었다. 이 지도는 1910년부터 1945년까지 일본의 한국 지배를 반영하고, 구체화하고, 상징한다.

직선의 격자무늬는 고도의 근대정신을 나타내는 특유의 디자인이다. 제임스 스캇James Scott이 진보에 대한 신념과 사회를 합리적인 계획에 맞추려는 욕망이라고 풀이한 근대성의 특별한 형태이기도 하다. 스캇의 책 제목인 "국가처럼 보이기"라는 말은 이 경우에 해당하는 강력한 국가가 식민주의의 지배력을 한국에 행사하던 일본이었으므로 더욱 그럴싸하게 들린다. 이런 격자무늬(경위선)는 특히 제국의 통제와 강요된 질서를 떠올리게 한다. 합리적 질서나 제국의 통제를 의미하는 제국주의적 상징뿐 아니라 정보를 수집하고 과시할 때 필수적인 지도상의 연결 고리를 제공한다. 통제는 질서에 의해 정당화되고, 질서는 통제에 의해 강화된다. 격자는 식민 지배를 상징하는 동시에 한국이 지구 공간 창출에 억지로 합류하게 되었음을 시사한다.

한국과 일본의 관계는 수세기에 걸쳐 때로는 시끄러웠고 때로는 평화로웠다. 13세기에는 한국과 몽골 연합군이 일본을 침공했다. 그리고 16세기 말에는 일본이 한반도를 두 차례 침입해 어마어마한 피해를 입혔다. 그 과정에서 정부에서 제작한 소중한 세계지도가 모두 사라졌다. 한영우는 현재 프랑스 국립도서관에서 소장하고 있는, 1637년과 1644년 사이에 만들어진, 아름답고 거대한 수제手製 지도가 약탈당하거나 파괴된

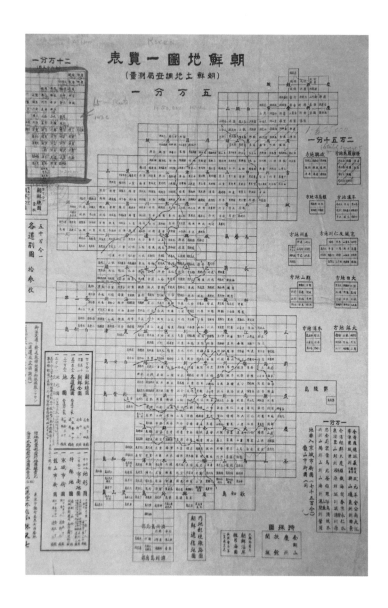

6.1 일본에서 제작된 격자무늬 한국 지도, 1921년,
미국지리학협회도서관 소장.

세계지도들을 대체하기 위해 제작되었다고 말한다. 일본 해적(왜구)은 한국 해안가 촌락에서 꾸준히 문제를 일으켰다. 그러나 17세기 초부터 19세기 후반까지, 한국과 일본은 비교적 우호 관계였다. 이 모든 것은 조선 왕조가 쇠퇴하고 군국주의적이고 팽창주의적인 일본이 출현하는 변화를 암시했다.

메이지 시대(1868~1912) 일본은 경제 근대화 정책을 세우고 군사력을 증강했다. 일본이 페리 함대의 무력에 굴복해 문호를 개방한 1854년 가나가와 조약의 굴욕은 고립에 따른 대가, 낙후한 경제, 빈곤한 군사력 등을 드러냈다. 그 여파로 일본은 외국인 전문가 수천 명을 고용했고, 재빠르게 근대 기술을 수용했다. 그리하여 근대화와 산업화를 추구하고, 군사력을 강화했으며, 세계 속 지위를 향상시켰다. 이는 또한 이웃 국가에 대한 지도 제작으로 이어졌다. 〔도판 6.2〕는 항구 세 곳 지도가 포함된 한국 지도로 1875년에 일본이 제작했다. 일본 군함 한 척이 비밀리에 한국 연안 지역을 조사했고, 세 개의 작은 지도는 은밀히 항구를 조사했음을 나타내며, 이는 장차 습격을 위한 준비 작업으로서의 지도 제작이라 할 수 있다. 〔도판 6.3〕은 대동강을 그린 지도다. 영문과 숫자는 나중에 덧붙여졌다. 이 지도는 일본이 한국에 강화도조약 체결을 강요하던 1876년 직전에 제작되었다. 이 조약을 통해 일본은 한국에 문호 개방을 강요했으며, 이는 일본 점령의 시발점이 되었다. 1876년 일본은 조선 통치자들에게 항구 세 곳을 개방하라고 강요했다. 앞으로 개항장이 될 세 항구를

6.2 한국, 1875년, 미국지리학협회도서관 소장.

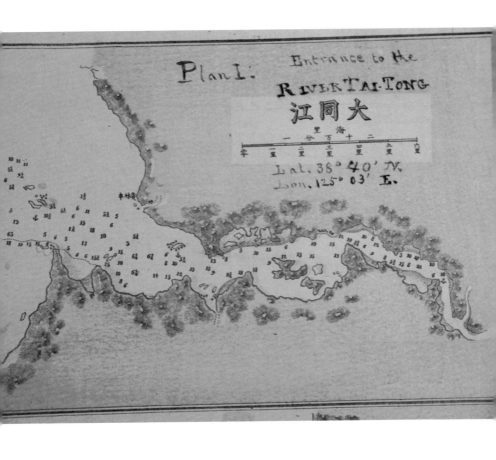

6.3 한국 지도의 삽입도, 1875년, 미국지리학협회도서관 소장.

꼼꼼하게 그려내는 등 매우 치밀하게 제작된 이 지도는 조선왕조 종말의 시작과 한국을 기다리고 있는 문제들의 조짐을 나타내는 초기 자료 중 하나다.

청일전쟁(1894~1895)은 본질적으로 한국 쟁탈전이었다. 가장 기본적인 배경은 쇠퇴한 청 제국, 약화된 조선왕조 그리고 성장한 일본 국력이었다. 그리고 자세한 정황은 한국의 통제권을 두고 중국과 일본 사이에 갈등이 심화되고 긴장이 형성된 것이었다. 1882년, 가뭄·기근·재정 위기 등의 이유로 서울에서 일어난 폭동 와중에 일본 대사관이 공격당했다. 일본은 서울에 전함과 군대를 파견했고, 이에 중국이 4500명의 부대로 맞받아쳤다. 1882년의 조약은 눈앞의 갈등은 완화시켰다. 그러나 잠재된 긴장까지 사라지진 않았다. 1884년 친일 세력이 벌인 쿠데타는 친청親淸 세력이 벌인 쿠데타로 진압되었다. 일본과 중국 사이의 긴장은 다시 한 번 고조되었으며, 1885년에 또 다른 조약이 체결되었다. 그러나 적대감은 사라지지 않았다. 1894년에 일어난 농민 봉기는 조선이 청나라에 지원을 요청하게 했고, 이에 따라 2500명이 파견되었다. 일본은 병력 8000명으로 맞받아쳤고, 1894년 6월 서울을 점령했다. 이에 따라 친일 세력이 득세했으며, 중국의 통제로부터 한국이 벗어났다고 선포했다. 중국과 일본의 전쟁은 1894년 8월 1일에 공식적으로 시작되었다. 일본 육군은 평양을 방어하며 중국 군대를 패퇴시켰고, 일본 해군은 압록강 어귀에서 중국 함대를 궤멸시켰다. 일본군은 만주로 진출했으며, 1885년 4월 17일 시모

노세키 조약을 통해 일본의 승리가 공식화되었고, 이때 한국은 중국에서 벗어났음을 인정받았다. 또한 이 조약에 따르면, 일본은 양쯔 강에 함대를 보낼 수도 있고 개항장들에 공장을 세울 수도 있었다. 이어서 중국은 대만을 일본에 양도했고, 항구 네 곳을 추가로 개방하도록 강요당했으며, 일본에 막대한 배상금을 물게 되었다. 한국과 중국의 전통적 관계는 파괴되었고, 이제 일본이 그 지역에서 주도권을 쥐게 되었다.

이 승리로 일본은 동아시아 지역에서 주요 세력으로 부상했다. 한국에 대한 지배권을 유지하기 위해, 일본은 그 지역의 또 다른 강자, 즉 제정 러시아와의 대결을 망설이지 않았다. 러일전쟁(1904~1905)은 한국과 만주를 둘러싼 충돌의 일환이었다. 이 전쟁에서 다시 한 번 승리를 거둠으로써, 일본은 세계적 강국이라는 지위를 획득했으며 국제사회에서 한국에 대한 실질적 지배권을 인정받았다. 한국은 이제 일본의 세력권에 속하게 되었다. 이로 인해 1905년 한국은 일본의 보호국이 되었고, 1910년에는 공식적으로 일본에 합병되었다.

일본이 한국을 강점한 일은 국제사회에서 인권을 존중하기 전에 일어났다. 지정학적 관심사가 사람들을 압도했다. 인권이라든가 민족자결권 같은 사상은 외교에서 고려 사항이 되지 못했다. 일본의 한국 강점에 대한 언급이나 행동은 거의 없었다. 미국은 1882년에 한국과 맺은 조약에도 불구하고, 또 일본의 가혹한 통치에 비판적인 일부 미국 선교사의 호소에도 불구하고 일본의 자유행동권을 보장해 주었다. 〔도판 5.17〕과 〔도판 5.18]에 보이는 한국 지도들에 기록된 장소는 일본 세력이 저지른 최악의 행위에 대한 저항의 중심지다.

일본의 통치하에 한국에는 식민지 사회가 성립되었다. 한국 경제는 일본의 식량, 목재 등 원자재, 중공업 단지 그리고 값싼 노동력 수요에 맞춰 구조 조정되었다. 과거 폐쇄적이던 한국 경제가 일본 경제의 수요에 맞춰 재편성된 것이다. 또한 문화적 제국주의도 한국 고유의 의식을 일본식 세계관으로 대체하는 역할을 수행했다. 저항도 있었지만 변절도 있었고, 봉기도 있었지만 타협도 있었다. 다른 한국인이 저항하는 동안, 일본인과 함께 그리고 일본인을 위해 일하는 한국인도 더러 있었다. 게릴라들은 전투로 맞섰고, 상하이에는 임시정부가 세워졌으며, 반일 저항과 시위가 일어났다. 거의 200만 명이 참여한 가장 큰 규모의 저항운동은 1919년에 일어났다. 일본의 통치 방식은 시대의 흐름에 따라 변화했다. 1919년 시위의 여파로, 일본은 통치를 조금 완곡하게 바꾸었다. 그러나 1931년 학생들의 봉기가 있은 후로 다시 강화했다.

비록 1960년대부터 남한을 주요 경제 강국의 길로 나아가게 한 자본주의적 수출 경제의 토대가 마련된 점을 들어, 일본의 통치로부터 받은 혜택이 있다고 주장하는 수정주의 역사가도 있지만, 두 나라의 연계는 항상 불평등하고 부당했다. 일본은 이웃에 일방적인 종주권을 억지로 강요했다.

일본의 식민 지배 방법은 다양했다. 지도 제작도 그중 하나다. 한국은 지리적 정보 수집의 방식으로, 특히 토지와 자원의 양을 파악하기 위한 측량 조사의 대상이 되었다. 일본은 한국에서 지도 제작을 위한 일련의 조사를 행했고, 그중에는 공식적으로 합병이 이루어진 1910년 이전에 행해진 조사도 있었다. 일본은 19세기 후반 내내 한국 해안에서 수문학적 조사를 했다. 청일전쟁이 시작된 1894년, 일본은 임시 토지조사국을 설립했다. 한국의 군사지도를 제작하기 위해 조사원들이 파견되었지만, 그들은 조선 민중의 저항에 부딪혀 비밀리에 임무를 수행해야 했다. 그 저항으로 조사국은 결국 1896년에 해체되었다. 그러나 1904년 다시 설립되었고, 일본 지도 제작자들은 1894년부터 1908년까지 한국을 조사했다. 이 비밀 지도들은 훗날 일본의 식민지 총독부에서 제작한 지도의 기반을 만들어 주었다.

〔도판 6.4〕는 2만 5000분의 1 지도다. 1917년 총독부에서 공식적으로 제작한 지도인데, 아마도 먼저 제작된 비밀 지도들에 기반했을 것이다. 관광 지역을 그린 지도 중 하나며 영문 색인을 갖추었고 지명을 일본 글자로 표기하기도 했다.

한국은 제국주의 통치 방식의 일환으로 지도화되었다. 일본은 다양한 축척의 한국 지도를 제작했다. 예를 들어, 5만분의 1 지도 723장, 20만분의 1 지도 65장, 50만분의 1 지방도 13장, 2만 5000분의 1 한국 도시지도 98장, 1만분의 1 도시지도 41장이 있다. 〔도판 6.5〕는 1916년에 일본이 20만분의 1 축척으로 만든 한국 지도다. 토지이용현황도 또한 50만분

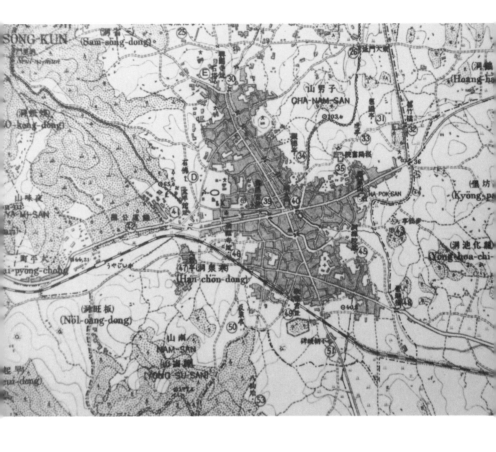

6.4  2만 5000분의 1 지도, 1917년, 미국지리학협회도서관 소장.

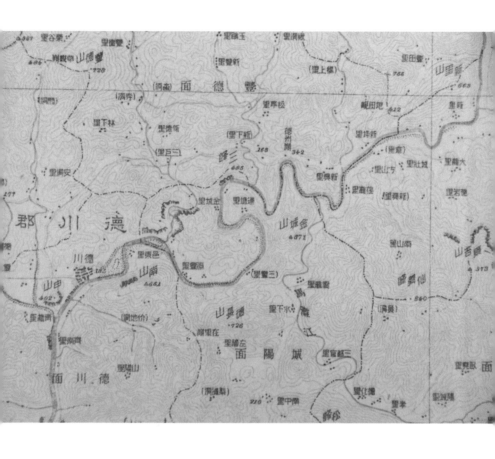

6.5  20만분의 1 지도, 1916년, 미국지리학협회도서관 소장.

익 1 축척으로 제작되었다.

또한 세밀한 지도 제작은 토지와 왕실 삼림을 국유화하는 데도 필수 요소였다. 지주라는 신분이 양반층의 전통 세력 기반이었고 토지세가 정부 수익의 중요한 원천이었으므로, 한국에서 토지는 부와 지위의 주요 근원이었다. 지주 신분은 불공평하게 분배되었고, 극소수만이 광대한 토지를 소유했다. 일본 식민 정부는 토지에 세금을 매기는 일과 그에 대한 통제를 모두 원했다. 토지조사국은 1910년부터 1918년 사이에 주요 조사를 마무리했다. 그들은 모든 토지를 기록했고, 유형·생산성·소유권별로 분류했다. 일본 정부는 모든 토지 소유자에게 보유한 토지를 신고하라고 요구했다. 대부분의 소규모 토지 소유자(자영농)와 소작농이 소유권을 문서로 증명하지 못한 반면, 대지주들은 대체로 토지를 지켜냈다. 농경지의 거의 40퍼센트를 식민 정부에 빼앗겼고, 그 대부분은 일본의 개발회사들에 헐값에 불하拂下되었다.

지도 제작은 한국의 토지와 자원에 대한 일본의 통제에 견고한 기반을 제공했다. [도판 6.6]은 2만 5000분의 1 지도에 사용된 기호를 보여준다. 그리고 인삼밭, 뽕나무밭, 논 등 토지가 종류별로 얼마나 주의 깊게 분류되어 있는지 주목할 필요가 있다. 일본에 식량난이 닥칠 경우, 한국에서 식량이 보내졌다.

또한 지명에서도 식민주의가 나타난다. 일본은 한국을 새롭게 지도로 제작하는 과정에서 한국의 언어에, 특히 이름을 사용하는 데 광범위

號　符
Conventional Signs

| | | | | | | |
|---|---|---|---|---|---|---|
| Bridge. | | 小斜面及沙地<br>Cut or Fill & Sand. | 水準點<br>Bench Mark. | 耶蘇教會堂<br>Church. | 廳郡<br>District Office. |
| n Bridge. | | 岩石及結禿<br>Rocks & Bare Hill. | 畓<br>Paddy-field. | 市場<br>Market. | 面事務所<br>Myŏn (Village) Offi |
| 等一<br>Class Road. | | 電線<br>Telegraph Line. | 桑田<br>Mulberry-field. | 水事房<br>Water-mill. | 警察署<br>Police Office. |
| d Class Road. | | 土城石城 Earthy<br>Old Citadel Stone | 果園<br>Orchard. | 王陵<br>Tomb of King's Family. | 憲兵分隊<br>Gendarme Station |
| 等三<br>Class Road. | | 鐵道<br>Rail-road. | 濶葉樹林<br>Broad-leaf Trees. | 專賣課出張所<br>Ginseng Monopoly Office. | 地方法院友院臨<br>Court House. |
| ss Village Road. | | 院工廠<br>Masonry Wall. | 針葉樹林<br>Needle-leaf Trees. | 編立樹<br>Trees. | 郵便局<br>Post Office. |
| ss Village Road. | | 郡界<br>District Boundary. | 荒地<br>Uncultivated Land. | 烟突<br>Chimney. | 學校<br>School. |
| th. | | 面界<br>Myŏn (Village) Boundary. | 矮松地<br>Dwarf Pine Wood. | 大三角點<br>Major Triangulation Station. | 避病院<br>Isolation Hospit |
| | | 地類界<br>Boundary Line of different<br>kind of land. | 人蔘田<br>Ginseng-field. | 小三角點<br>Minor Triangulation Station. | 佛宇<br>Monastery. |

6.6　지도 기호, 1917년, 미국지리학협회도서관 소장.

하게 압박을 가했다. 1939년 한국인은 자신들의 성姓을 일본식으로 바꾸라고 강요받았다. 이런 언어상의 식민주의는 지도에도 나타났다. 1900년 이후 한국 지도에 일본식 지명이 등장한다. 서울 지도에는 경성부京城府 혹은 경성이란 이름이 보인다. 1914년 이후로는 새로운 일본식 지명 체제가 지도에 적용되었다. 이에는 네 가지 방법이 사용되었다. 첫째, 합병 이후 새로운 행정 지명이 채택되었다. 동洞·정町·정목丁目 등 일본식 지명을 덧붙이거나, 본정本町·길야정吉野町·황금정黃金町·태평동太平洞 같은 일본 지명을 그대로 옮겼다. 둘째, 도로나 자연물의 이름이 일본식으로 바뀌었다. 셋째, 일본 문자 곁에 한글이 지워진 흔적이 있다. 예를 들어, 서울에는 한국 지명으로 된 행정구역 661곳이 일본식 이름의 186개 구역으로 대체되었다. 마지막으로, 넓은 지역의 이름 또한 바뀌었다. 한국과 일본 사이의 바다는 수세기에 걸쳐 여러 이름을 가졌다. 한국인은 대체로 동해라고 불렀다. 합병 이후에는 새로운 광대한 일본 제국의 일부로, 그 이름이 일본해로 바뀌었다. 이는 당시의 "지도 논쟁"에 관해 이야기하는 부분에서 더 자세히 다룰 것이다.


# 해방 후, 전쟁 후의 세계

제2차 세계대전에서 일본이 연합군에 패함으로써 일본이 한국을 묶어 놓고 있던 식민지의 사슬도 끊겼다. 패전국이 된 일본은 제국주의 야망을 접을 수밖에 없었다. 그러나 이로써 한국은 오히려 동과 서 사이의 더 큰 지정학적 갈등에 휘말려 들게 되었다. 소련과 미국은 한반도를 분할 점령했다. 〔도판 6.7〕은 1946년 미국 국무부에서 만든 지도로, 도의 경계를 바탕으로 점령 지역을 나타낸 것이다. 한반도는 38선을 기준으로 간단히 둘로 쪼개졌다. 전쟁 직후 결정된 최초의 계획은 이 나라를 유엔의 신탁통치하에 두는 것이었다. 그러나 자기에게 온 기회를 놓치지 않겠다는 국제적 이해관계에 따른 경쟁이 분단이라는 결과를 낳았다. 1948년 남쪽에는 이승만의 지도 아래 대한민국이 건국되었고, 북쪽에서는 김일성이 이끄는 공산주의 체제가 세워졌다.

긴장이 고조되는가 싶더니 금세 전면전으로 이어졌다. 두 지도자는 각자 자신을 수반으로 하는 단일 정치체제로 통일하기를 꿈꿨다. 일본군에 게릴라 전술로 맞서 싸운 경력이 있는 김일성은 반도 전체에 공산주의 체제를 세우려고 했다. 양측에서 경계선 분쟁이 있은 후, 북한 군대가 1950년 6월 25일 38선을 넘었다. 〔도판 6.8〕은 병력과 탱크의 숫자를 뚜렷이 나타내기 위해 제작된 한국 지도의 표지다. 북한은 남한의 약한 군대를 순식간에 압도하고 신속하게 남하했다. 그러자 미국과 유엔은 북한군을 격퇴하기 위해 군대를 파견했고 전선을 38선 북쪽으로 올려 북한 영토 깊숙이 밀고 올라갔다. 미군의 전진은 중화인민공화국의 파병으로 이어졌다. 이어서 북한과 중국 군대는 미국과 유엔 군대를 남쪽으로 밀어내

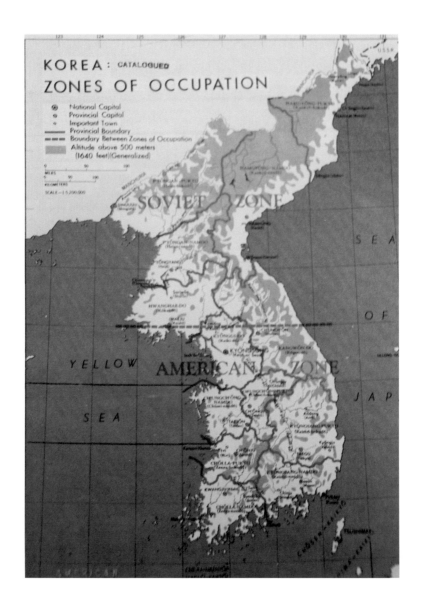

6.7 한국, 1946년, 미국지리학협회도서관 소장.

6.8 지도 표지, 1950년, 미국지리학협회도서관 소장.

는 데 성공했다. 1951년 두 세력은 38선 인근에서 대치하게 되었다. (결국) 경계선에는 거의 변화를 주지 못한 전쟁은 군인 사상자 약 220만과 민간인 사상자 250만을 낳았을 뿐이다. 1951년 시작된 휴전 교섭은 1953년 7월 협정으로 마무리되었다. 평화조약은 체결되지 않았다. 1953년의 휴전은 유엔·북한·중국 사령관들이 전쟁을 중단하고, 포로를 교환하고, 양쪽으로 2킬로미터의 비무장지대를 동반한 휴전선을 정하는 데 합의한 협정이었다. 이 협정에는 경계선을 정하는 지도가 첨부되었다. 그 경계선은 38선과 대략 비슷하게 설정되었다. 협정에 서명한 사람들은 그 문서가 장차 공식 평화협정의 서곡이 되리라 여겼다. 하지만 남한은 그 휴전협정에 결코 서명하지 않았으며, 평화조약은 아직도 체결되지 않은 채 남아 있다. 군사 행동 중단은 영구한 전시체제로 관계를 고착시켜 버렸다. 원칙적으로 그 갈등에 일말의 정치적 해결안을 제공할 수 있는 공식 평화조약은 감질 나는 가능성만 남겨 두고 있다. 그러나 현실적으로는 계속 불안정하고 해결책이 보이지 않는 협정에 따른 위험한 상황이 연출되고 있다. 아직까지 두 개의 한국이 어떤 평화조약에도 서명하지 않고 있으므로, 국가주권은 애매하고 이론異論이 분분한 상태로 남았다. 이런 한계를 지닌 협정이 지도 제작에 나타난 결과는 차후 "지도 논쟁"에 관한 논의에서 다룰 것이다.

〔도판 6.9〕는 1972년에 미국중앙정보국CIA이 만든 지도인데, 남북의 경계선을 그렸다. 북한의 군용 비행장과 활주로가 어떻게 나타나 있는

6.9  CIA에서 만든 남북 경계선, 1972년, 미국지리학협회도서관 소장.

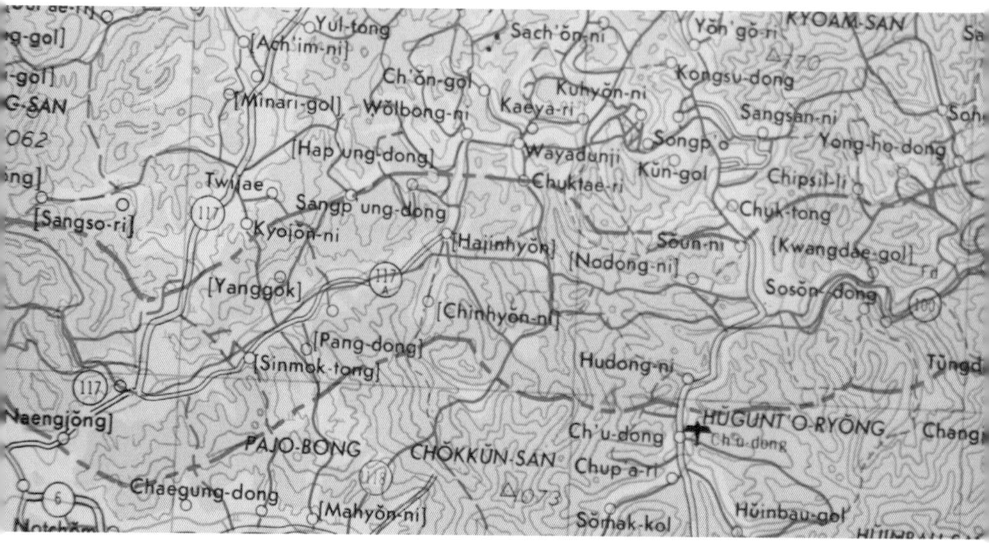


6.10 비무장지대, 1969년, 미국의회도서관 소장.

지 주목하자. 경계선은 38선에 대략 걸쳐 있지만, 완전히 일치하지는 않는다. 지도상의 경계선은 두 한국 사이의 지속된 분단을 나타낸다. 〔도판 6.10〕은 CIA가 25만분의 1로 제작한 비무장지대의 자세한 지도다.

# 7 새로운 국가

1953년 이후 한국은 서로 다른 두 정치체제로 분열되었다. 표면상 공산주의 체제를 취한 북쪽은 폐쇄적 전체주의 사회다. 그들은 외부 세계와의 접촉을 제한하고 있으며, 경제적으로 취약하고, 스스로를 지구촌 국가들 사이에서 외톨이로 만드는 독특한 외교정책을 쓰고 있다. 남쪽에 자리 잡은 남한은 상대적으로 민주 사회며 세계 경제에서 중요한 역할을 맡고 있다. 그리고 자본, 사상, 사람의 흐름에 점점 더 깊이 관여하고 있다. 이 장에서 나는 두 나라가 서로를, 스스로를 어떻게 표현했는지 살펴보려 한다.

## 북한

북한은 전쟁(2차대전) 직후 세계에서 중요한 지위를 점했다. 북한은 동과 서 사이의 최전선에 있었는데, 당시 조울증을 앓고 있던 세계의 날카로운 모서리에 아슬아슬하게 서 있던 셈이다. 이런 독특한 상황은 경쟁 관계의 초강대국들이 북한을 지도로 표현할 때 복잡한 양상이 나타나도록 만들었다.

　〔도판 7.1〕은 1982년 러시아가 제작한 북한 수도 평양의 지도다. 이 지도는 1989년 공산주의가 붕괴한 이후 구소련의 문서보관소가 개방되었을 때 비로소 세상에 공개되었다. 키릴 문자는 전후 세계에서 한국이 점하고 있던 지정학적 공간을 암시한다. 바로 공식적으로 냉전의 최전선

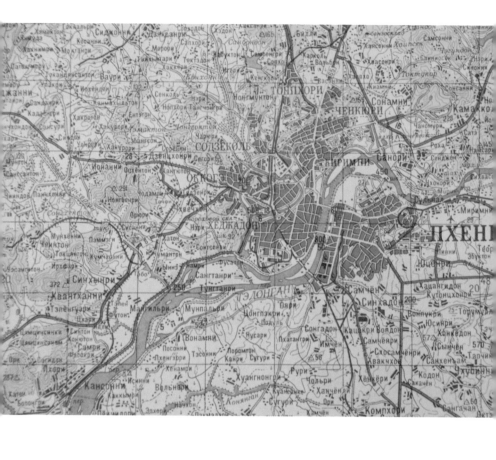

7.1 평양, 1982년, 미국지리학협회도서관 소장.

이라는 사실이다. 비무장지대 남쪽의 남한에는 스무 곳 이상의 기지와 병영에 미군 병력 2만 8000~4만이 주둔하고 있다.

북한은 냉전 기간 동안 대체로 어려운 처지에 놓였다. 북한은 국경을 중국 및 소련과 접했다. 중국은 한국전쟁 당시 북한을 돕기 위해 파병했고, 그 결과 미국·남한·유엔의 군대를 밀어냈다. 그렇지만 1961년부터 1980년대까지 중국과 소련의 불화는 북한을 좌불안석으로 만들었다. 대치 중인 두 국가와 지리적으로 가까운데 전략적으로까지 그들 사이에 끼게 된 것이다. 북한은 상당히 중립적 입장을 취했는데, 이는 유고슬라비아와 비슷했다. 중국과 소련 모두 북한의 환심을 사고 싶어 했다. 그리고 김일성은 그들 양측에 대한 확실한 지지와 경제적·군사적 도움을 분리시키고자 했다. 북한의 일부 국내 정책은 마오쩌둥毛澤東의 중국을 따라했지만, 아무튼 북한은 두 국가와의 관계를 유지했다. 북한의 지리학적 위치는 자신들의 취약한 정치지리학을 반영하는 신중한 외교의 실용적 대응을 요했다.

북한은 두 초강대국에 의해 광범위하게 지도로 제작되었다. 〔도판 7.2〕는 1969년 CIA가 만든 지도의 자세한 부분이다. 이 지도는 북한을 절대 공간에 위치시키는 한편 미국과의 크기를 비교한다. 북한의 윤곽을 워싱턴 DC 위에 겹쳐 놓은 것은 우연이 아닐 것이다. 아마 냉전시대 미국의 지정학적 전략에서 북한이 갖는 중요성을 드러내기 위해서일 것으로 보인다. 냉전은 1989년 이후 종식되었지만, 한반도에서는 아니었다. 아

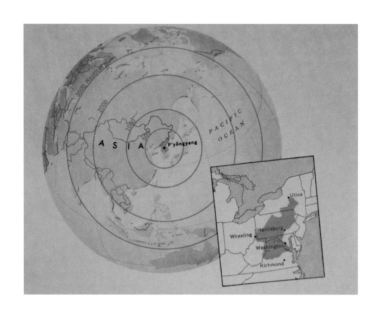

7. 2 CIA가 만든 북한 지도, 1969년, 미국의회도서관 소장.

직까지도 평화조약은 체결되지 않았고, 북한은 여전히 남한의 안전을 보장하는 미국의 골칫거리로 남아 있다.

북한의, 경제, 정치, 군사 기반 시설에 관한 서양 세계의 광범위한 군사·민간 차원의 지도 제작이 이루어졌고, 여기에는 미군의 비밀스런 지도와 상대적으로 공개적인 정보가 모두 포함되었다. 미사일 기지, 공군 기지, 곡물 저장소의 위치는 이제 인터넷에서 얼마든지 찾아볼 수 있다.

세계 곳곳에서 공산주의 국가들이 무너져 갔다. 아직 남아 있는 공산주의 국가인 중국과 쿠바가 시장 중심 체제를 채택하던 때에도, 북한은 국민을 먹여 살리는 데 필요한 최소한의 기본인 식량 생산과 공급마저도 비참하게 실패한 계획경제를 유지했다. 북한은 어마어마한 고립 속으로 미끄러져 들어갔고, 마치 은둔의 왕국이라 불리던 조선 후기로 회귀한 듯했다. 그러나 근대 세계의 정치적 고립이 지도상에서 삭제되거나 침묵으로 이어지지는 않는다. 구글어스Google Earth의 등장으로, 아무리 폐쇄적인 체제라 해도 항상 하늘에 떠 있는 인공위성에 의해 팬옵티콘panopticon이 되지 않을 수 없다. 'North Korean Economy Watch(http://www.nkeconwatch.com/north-korea-uncovered-google-earth)'라는 웹사이트는 북한의 인공위성 지도를 만들 때 지상의 실측 자료와 더불어 구글어스가 제공하는 이미지도 사용한다. 창설자의 말에 따르면, 웹사이트는 민주적인 정보 수집 형태다. 독자들이 북한의 인공위성 지도를 볼 수 있게 해 준다. 그리고 여기에는 지도층의 주택단지, 수용소 그리고 도시 외곽에 형성되는 새로운 시장과 같은 비밀스런 요소도 포함된다. 어떤 지도는 북한 지도층이 사는, 궁궐처럼 호화로운 주택단지 하나를 보여 준다. 가장 폐쇄적인 사회조차 공공의 행성에서 살고 있는 셈이다. 은둔자들이 고립을 원한다고 해도, 관찰되고 지도화되고 있다. 이처럼 지구 공간 창출의 새로운 형태는 컴퓨터와 인터넷을 사용하는 평범한 사람들도 가장 비밀스러운 체제에 대해서조차 인문지리학적으로 접근할 수 있게 만들었다.

# 남한

한국전쟁이 끝난 이래, 남한은 독재정권에 대한 저항, 괄목할 민주화, 경이로운 경제성장 등 엄청난 변화를 겪었다. 이제 세계 15위의 경제 대국이자 11위의 무역 국가가 되었다.

독재 정권들은, 잠깐씩 중단된 적은 있지만, 1953년부터 1988년까지 남한을 장악했다. 1953년부터 1960년까지 점점 심해지던 이승만의 독재 정치는 학생들이 핵심 역할을 수행한 민중봉기와 함께 막을 내렸다. 그러나 1960년 선거로 탄생한 새로운 정부는 박정희의 군사 쿠데타로 전복되었다. 남한 군대는 60만 병력에 달하는 대규모이면서, 강력하고 꾸준히 남한을 공산주의에 대한 방파제로 여기는 미국으로부터 부분적으로 지원을 받아 왔다. 그러나 이승만이 아주 효과적으로 편리하게 사용한 반공주의 수사학은 시간이 지날수록 민주주의 정부의 부재라는 근본 문제를 덮어서 가리기에 한계를 드러냈다. (그래서) 박정희 정권은 적극적으로 국가 경제를 성장시켰다. 그러나 경제성장에 대한 지나친 의존은 1970년대 초 수출 주도형 성장의 둔화로 이어졌으며, 또한 그것은 반대 의견의 억제와 맞물리는 사회 불안을 낳았다. 1972년의 유신헌법은 더 독재적인 체제를 합법화시켰다. 정신없을 정도로 경제가 성장하는 와중에, 5대 재벌이 형성되었고, 그들의 성공은 부분적으로 정치적 연결 고리에 힘입었다.

정치 참여가 허용되지 않은 채 이루어진 경제성장은 불만 세력을 낳았다. 학생들은 다시금 저항의 선두에 섰고, 성장하던 노동조합 운동이 산업적 근력을 보탰다. 고조되던 반정부 정서는 1979년 박정희 암살이라는 비극적 결말로 이어졌다. (그러나) 또 다른 군사정권이 유혈 사태를 일으키며 정권을 장악했고, 1981년부터 1987년까지 권력을 유지했다. 하지만 이 정권은 정치 발전에서 생긴 결핍을 극복하기 위한 카드로 경제성장을 더 이상 써먹을 수 없었다. 희미한 합법성이라는 배경을 극복하기 위한 차원에서, 1987년 대통령 직선제 선언이 이루어졌다. (그리고) 야당 지도자 두 명이 표를 나눠 갖는 바람에, 군 출신의 노태우가 대통령으로 당선되었다. 다음 대통령인 김영삼의 시대에, 노태우를 비롯한 군사 쿠데타의 주역들은 반란과 부패 혐의로 유죄 판결을 받았고, 군사 쿠데타 시대는 종언을 고했다. 수차례의 부패 관련 고발과 독재 지향적 경향으로 말미암아 분열성이 강화되고 시끌벅적하기는 했지만, 남한의 정치는 이제 세계에서도 비교적 성숙한 축에 끼는 민주주의를 갖추게 되었다.

1987년에야 민주주의 체제 비슷한 무엇인가가 시작되었음을 감안했을 때 남한의 정치 발전은 상당히 더뎠지만, 경제 발전은 훨씬 역동적인 양상을 보였다. 1960년부터 1990년까지 수출 주도형 성장의 형태로, 세계에서 두 번째로 빠른 경제성장이 이루어졌다. 남한은 자동차, 비행기, 전자제품, 컴퓨터 등의 제품을 생산해 세계에 판매하는 제조업 강국이다. 20세기가 시작될 무렵 허약하고 가난한 농업사회였던 나라가 이제 수적으로도 질적으로도 풍부한 중산층을 보유한 호화로운 도시형 산업국가로 발전한 셈이다. 그러나 세계경제에 확실히 입장한 대가로 남한은 성장과 쇠퇴의 세계적인 순환에 극도로 민감하게 되었다. 1997년과 1998년 그리고 2008년의 경제 위기는 남한이 광범위한 대출과 해외 수출시장 의존도가 크다는 점을 여실히 드러냈다.

현대 국가로서, 남한은 광범위하게 그리고 철저하게 지도화되었다. 지도 제작의 오랜 전통을 기반으로 해, 다양한 지도가 다양한 축척으로 제작되었다. [도판 7.3]은 해외에 배포하기 위해 국립지리원이 제작한 전국 지도다. 이제 한국은 보편적 표준, 유사성에 의거한 관례, 합리적인 방식 등 세계적 흐름에 맞춰 지도화되고 있으며, 남한의 지도 제작은 세계적인 선진국에 견주어도 부족하지 않은 수준이 되었다. 현대성은 세계의 다른 나라들과 공유할 수 있는 표준 지도 제작 용어를 통해 나타나고 강화된다. 공간의 세계화는 이처럼 공통된 지도 제작 방식의 채택을 포함한다.

7.3 한국, 1998년, 미국지리학협회도서관 소장.

공공 부문에서 남한 정부, 특히 행정자치부는 공개 출처 지도표시 시스템을 발전시켰다. 주소와 건물번호는 국제 표준을 충족시키는 전국적인 지리정보시스템geographic information system(GIS)에 맞춰 짜여 있다. 한국토지공사Korea Land Corporation(현재 한국토지주택공사)는 또 하나의 정부 후원기구다. 이 공사는 입지지원시스템이라 이름 붙인, 토지 이용 계획에 사용되는 토지 소유권 데이터시스템을 보유하고 있다. 세련되고 쌍방향적인 국가 공간 데이터 구조는 소비자들뿐 아니라 중앙 및 지방 정부기관에도 유용하다. 또한 남한에서는 민간 차원에서도 지도 제작과 출판 산업이 활발히 일어났다. 새로운 출판 중심지로 서울 북서쪽에 조성된 파주 출판도시에는 여러 지도 전문 출판사가 있다. 예를 들어, 성지문화사는 지리교과서·지구본·지도책·도로지도 및 지도책·여행용 지도·서울 지도·한국 지도·세계지도 등 다양한 제품을 생산하고 있다. 전국 혹은 세계지도책의 사용은 독도讀圖 능력이 학교 교과과정에서 필수적 위치를 점하는 남한의 교육에서 중요하게 다루어진다.

얼마나 많은 그리고 얼마나 다양한 변화가 이 시대의 지도에 기록되고 반영되었을까? 두 가지 사례를 살펴보자. 첫 번째는 국제무대에서 성장하고 있는 남한의 외교관계다. 〔도판 7.4〕는 1964년 교통부(현재 국토교통부)에서 제작한 지도다. 해외 관광객을 위해 영어가 사용되었다. 남한 영토 위에 덧붙여진 항공로는 세계의 다른 지역과 깆는 항공상의 연결을 보여 준다. 이 제한적인 범위와, 2000년 한국관광공사에서 제작한 〔도판

7.5] 지도에 나타나는 광활한 범위를 비교해 보자. 항공 노선은 서울을 세계의 대도시들과 연결시켜 준다. 이 지도는 상품에 대한 투자와 무역을 포함한 다른 연결 고리도 보여 준다. 남한은 자본과 재화의 세계적인 흐름과 확고한 연결을 맺고 있다.

경제적 세계화에도 불구하고, 문화적 세계화는 아직 덜 발전했다. 남한은 민족적 동질성을 유지하는 한편 외부 이민을 거부하고 있다. 그러나 1988년 서울 올림픽 개최는 남한이 국제적 인식 속으로 더욱 깊숙이 뛰어들 토대와 세계적 국가로서의 위상을 강화할 기반을 마련해 주었다. 이어서 두 번째 사례는, 국제 사회에서 사용할 수 있는 여행용 지도의 등장이다. 최근 한국에서 만든 한국 지도 대부분은 한국어와 영어를 병용한다. 국제 관광이 장려되고 촉진되는 것이다. 예를 들어, 〔도판 7.6〕은 2002년 지오마케팅 사GeoMarketing Ltd.가 인기 있는 비틀맵Beetle Maps 시리즈로 한국에서 제작한 서울 지도다. 한국어 혹은 영어 독자를 모두 만족시키기 위해 제작된 이 지도는 아주 근대적인 디자인으로 만들어진 동시에 한국의 전통적 지도 제작 표현도 반영했다(도판 2.9 참조).

남한과 북한을 모두 포함해, 오늘날 한국을 지도상에 표현할 때는 두 가지 광범위한 주제가 특히 강조된다. 첫째, 공간의 세계화에는 여러 국가를 하나의 세계지도로 통합시키는 계획이 포함된다는 점이다. 모든 나라는 다른 나라들에 의해 지도로 만들어지며, 냉전시대는 물론 오늘날에 이르는 남북한처럼, 전략상 지정학적으로 중요한 경우에는 특히 그러하

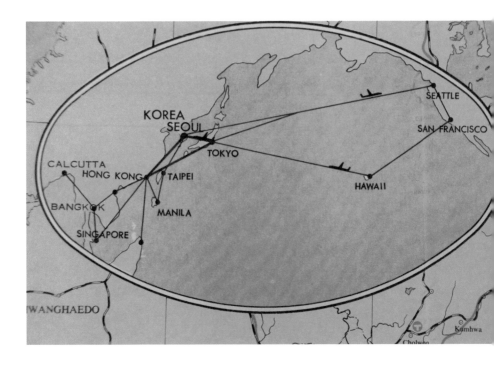

7.4 남한 교통부에서 만든 여행지도, 1964년, 미국지리학협회도서관 소장.

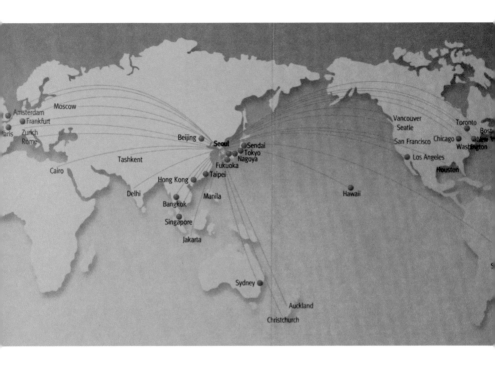

7.5 한국관광공사에서 만든 여행지도, 2000년, 미국지리학협회도서관 소장.

7.6 서울, 2002년, 미국지리학협회도서관 소장.

다. 둘째, 국가의 지도 제작 작업은 매우 보편적 지도 용어에 기반한다는 점이다. 조선의 지도 제작은 오랜 민족적 전통이 남아 있기는 했지만, 다양한 측면에서 다른 여러 나라의 지도 제작 형태와 거의 다를 바 없는 방식으로 대체되었다는 점이 독특했다. 공간의 세계화는 전 세계에서 확대되는 지도 제작 방식의 일관성을 포함하므로, 세계는 더욱 보편적인 지도 제작 용어 사용을 통해 서로에게 더 다가서기 쉽게 된다. 그러한 지도용어는 이제 더욱 널리 이해하기 쉽고 세계적인 통합을 이루어 낸다. 지구 공간 창출 속에서, 지도 제작은 세계적 현대성의 중요한 수단이 된다.

# 8 지도 논쟁

EAST SEA*

한국의 복잡한 현대사는 오늘날 지도 표현에 반영되어 있다. 그리고 이런 표현들은, 비록 아주 분명하게 과학적이고 나름 객관적 입장을 취하고 있지만, 논쟁과 논란을 겪고 있다. 외부 세계의 눈을 의식한 과학적 지도 제작은 오래된 정치 갈등을 해결할 수 없다. 지도에 나타냄으로써 사실은 그런 갈등을 오히려 심화시킬 뿐이다.

내가 "지도 논쟁" 즉 '지도 제작의 표현에 있어서의 논쟁과 긴장'이라 표현하는 것의 정의는 세 가지로 내릴 수 있다. 첫 번째는 한국의 남북 분단에 관한 지도상의 침묵 혹은 혼란이다. 현대의 수많은 한국 지도에는 그 경계선(휴전선)이 나타나지 않는다. [도판 7.3]을 다시 보자. 한국은 가운데에 경계선이 없고 서울을 유일한 수도로 하는 하나의 통일국가처럼 그려져 있다. 이는 마치 남북 분단이 아예 있지도 않았거나 현재 이 반도가 통일된 것처럼 느껴지게 만든다. 비록 "휴전선"이란 상징물이 존재하는데도, 국제적 행정구역이라는 상징적 중요성을 갖지 못하는 것이다. 실제의 모습이 아닌 통일국가로 표현되는 것, 이것이 오늘날 한국 지도에서 나타나는 공통점이다.

남한이나 북한이나 지도를 만들 때 하나의 국가로 표현했다. 특히 일반 대중을 상대로 학교에서 사용하는 지도책과 지도에서 한반도는 여전히 온전한 단일국가로 그려지고 있다. 한국은 지도라는 왕국에서 영원히 살고 있다. 그곳에서 남북 분단은 공식적으로 무시되며 양국은 그 반도의 단일한 주권을 주장한다.

한국에 대한 지도상 표현은 정치적 계산이나 목적에서 결코 자유롭지 못하다. 한국의 경우 그것은 국가의 정의란 무엇인가 하는 데까지 그 범위가 미친다. 몇 가지 사례를 살펴보자. 서울의 주요 영자신문《코리아 타임스Korea Times》의 전국 기상도에는 한반도 전체가 그려져 있다. 심지어 북한만 지도로 그릴 때조차, 기본적으로 반도 전체가 그려져야 한다. 예를 들어, 남한이 만든 북한 지도들에는 한국 전체를 보여 주는 별도의 지도가 포함되어 있다. 남한과 북한의 휴전선은, 가령 중국과의 국경선하고는 달리, 국제적 경계라기보다는 차라리 일시 분할 같은 느낌을 준다. 전쟁 전의 경계선은 비무장지대와 거의 일치하며, 이 비무장지대는 남북을 불문한 거의 모든 한국 지도에서 아주 가는 선 혹은 보이지 않는 선으로 나타난다.

국가의 정의에 관한 지도상의 융통성은 2009년에 국토지리정보원과 국토해양부가 영문으로 출간한 최신《National Atlas of Korea》에도 반영되었다. 표지에는 한반도 전체의 윤곽이 양각으로 처리되어 있다. 내부에는 서울을 수도로 표시한 "전국"지도가 있다. 지도책에는 지형과 지질이 표현되어 있으며, 모든 도道의 일반지도도 수록되어 있다. 그러나 토양, 기후, 인구를 비롯한 수많은 사회경제적, 정치적 주제에 관한 자료는 오직 남한에 관한 것들만 소개되어 있다. 결국 이 지도책은 지속된 분단을 표시하는 동시에 반도 전체에 대한 소유권을 표현하고 주장하고 있다. 국토지리정보원과 국토해양부는 남한에 관한 자료는 얼마든지 모을 수 있지만, 북한에 관해서는 그리하기가 무척 힘들었을 것이다. 그 결과는 남한만이 아닌 반도 전체에 관한 정보의 묘한 혼합이다. 심지어 오직 남한에 관한 정보만을 보여 주는 지도들조차 "한국"이라는 단독 표현을 쓰고 있다. 영토를 표현함에 있어 지도는 정말 결백하다고 결코 말할 수 없다. 그것들은 주장이자, 희망이며, 포부다. 이 경우에는 장기적 분단이라는 완강한 현실에 맞선 통일 한국이라는 희망이 나타난다. 두 체제는 각기의 수도를 유일한 수도로 하여 한반도를 통일국가로 표현함으로써 영토상의 정통성을 주장한다.

남과 북의 공식적 평화조약이 체결되지 않은 것(그들은 1953년의 휴전 협정에도 함께 서명하지 않았다. 북한만 중국, 미국과 함께 서명했다)은 수년에 걸친 복잡하고 걱정스러운 관계를 낳았다. 한국전쟁의 여파로, 두 나라의 분단은 긴박한 냉전의 지정학적 분열의 징조이기도 했다. 냉전이 끝나가던 1980년대에 긴장도 풀렸다. 1990년 양국 사이의 심도 있는 대화가 처음 이루어졌다. 1990년대에 화해의 움직임이 간헐적으로 나타나기는 했지만, 최초의 일관성 있는 노력은 1998년부터 2003년까지의 남한 대통령 김대중의 보다 회유적인 햇볕정책으로 이루어졌다. 양국 지도자의 첫 만남은 2000년 김대중과 김정일에 의해 이루어졌다. 두 번째 정상회담은 2007년 10월 북한 지도자와 새로운 대통령 노무현 사이에 있었다. 그러나 최근 북한에 의한 미사일 시험, 선박 침몰, 포격 등은 긴장 관계를 불러왔고, 통일의 전망은 요원해 보인다. 민족국가 통일 한국의 지도들은 현실보다 희망을 이야기한다. 분단된 현실을 나타내기보다는 통일된 미래를 제시하고 있다.

# 동해 / 일본해

또한 [도판 7.3]은 두 번째 지도 논쟁도 암시한다. 한국 동쪽 해역海域의 명칭에 관한 것이다. 이 지도에서 그 바다는 동해라는 이름으로 되어 있다. 한국에서 만들지 않은 지도에는 대체로 비교적 최근까지, 일본해라고 적혀 있다.

이 지도 논쟁에는 광범위한 맥락이 있다. 이름을 붙인다는 것은 우리가 세상을 인간의 것으로 만드는 행위다. 이름 붙이기는 모양과 의미를 부여하는 것이다. 그로 인해 공간은 지역으로 바뀐다. 이름 붙이기는 정치와 결코 무관하지 않다. 지구 표면에 이름을 붙이는 것은 원주민, 식민지 시대 사람, 탈식민지 시대 사람 들에 의해 이루어진다. 지명은 우선 원주민들에 의해 정해지지만, 세계 도처에는 식민지가 된 후 지명이 바뀐 예가 얼마든지 있다. 우리는 탈식민지 시대를 살고 있으므로, 토착적인 유산을 보다 강하게 인식하며 식민지 시대에 바뀐 것들에 민감하다.

바다에 이름을 붙이는 것은 육지에 붙이는 것보다 훨씬 복잡할 때가 많다. 서로 다른 국가의 영토가 거대한 해역을 에워싸고 있는 경우가 많

은 탓이다. 중국의 동쪽 해안은 미국의 서쪽 해안과 마주보고 있다. 영국
의 남쪽 해안은 프랑스의 북쪽 해안과 접하고 있다. 바다는 공유 공간이
다. 따라서 육지와 달리 이름을 붙일 때 명쾌한 주도권이 존재하지 않는
다. 바다가 크면 클수록, 스스로 이름 붙일 자격이 있다고 판단하는 국가
도 많고, 따라서 이는 엄청난 논란거리가 되곤 한다. 여러 대륙 및 수많
은 국가와 접한 대양의 경우, 원래의 이름이 너무 많고 다양한 탓에 오히
려 식민지 시대 이름이 표준이 되는 경우가 있다. 우리가 태평양이라 부
르는 대양을 한번 살펴보자. 이 대양은 해안에 엄청나게 다양한 이름을
갖고 있다. 다양한 원주민이 각자의 언어로 이름을 붙였기 때문이다. 16
세기 이후, 이 대양은 유럽인의 무역과 상업적 이익 앞에 문을 열었다. 영
어에서 그 대양은 유럽을 중심으로 하여 이름이 붙여졌으므로 원래는 '남
쪽 바다South Sea'로 불렸다. 1520년에서 1521년, 마젤란이 이 대양을 건
널 때 태풍을 만나지 않았다 하여 태평양Mar Pacifico이라는 이름을 붙였다.
에스파냐가 세계적인 강대국이 되자, 에스파냐어 이름이 원래의 이름을
대체했다. 그리고 그 지역에 에스파냐의 유산이 계속 남아 있는 탓에, 또
한 복잡한 문제에 대한 간단한 해결책이 되는 덕에, 이 이름이 오늘날까
지 전하고 있다. 여러 갈래에서 비롯된 원래의 지명이 다양하면 할수록,
식민지 시대의 단일한 지명이 갖는 힘이 커졌다.

특히 영토는 자기네 해안과 가까운 바다의 이름을 정할 때 영향을 주
기 쉽다. 이는 민족적 정체성에 관계되기 때문이다. 소수의 국가들이 고

유의 이름을 붙이고 있는 바다에서 갈등은 더 심해진다. 수많은 원시공동체 및 민족국가 들과 경계를 접하고 있는 광활한 바다 태평양과 아주 소수에게만 둘러싸인 작은 바다를 다시 비교해 보자. 동해/일본해라는 비교적 작은 해역은 오직 한국, 일본 그리고 제국의 가장자리에서만 접한 러시아만이 에워싸고 있다. 다방면에 걸쳐 살펴보았을 때 직접적인 이해利害를 갖는 것은 오직 한국과 일본뿐이다. 두 나라 사이에 식민 관계가 있던 사실은 이름을 정하는 지도 논쟁을 훨씬 복잡하게 만든다.

이 특별한 사례로 돌아가 보자. 역사적 배경은 상대적으로 간단하다. 16세기까지 일본에는 자기네 해안에서 멀리 떨어진 바다에 이름을 붙인 지도가 거의 없었다. 일본의 지도 제작은 거의 전적으로 자기 나라를 표현하는 데만 관심을 쏟았다. 조선왕조는 동해(동쪽 바다)라는 단어를 쓰는 지도를 수없이 많이 갖고 있었다. 사실 그 단어의 기원은 조선왕조보다도 훨씬 오래되었다. 414년에 세워진 광개토대왕비문에 그 단어가 새겨져 있다. 그러나 그 단어는 단순히 동해라는 한자를 채택한 데 지나지 않았고, 동해는 중국의 동쪽 해안에서 벗어난 모든 바다를 일컬을 때 쓰는 말이었다. 조선 초의 지도들은 울릉도와 독도라는 외딴 섬을 표현하려는 경향을 보였다. 이 섬들을 향한 조선의 영토 확장은 좁은 해안을 넘어 넓은 바다에도 이름을 붙이는 결과를 낳았다. 예를 들어, 〔도판 8.1〕은 《동국여시승람》 1530년 판본에 수록된 작은 전국지도다. 《동국여지승람》은 1481년에 초판이 발행되었고, 1487년, 1499년, 1530년에 재발행

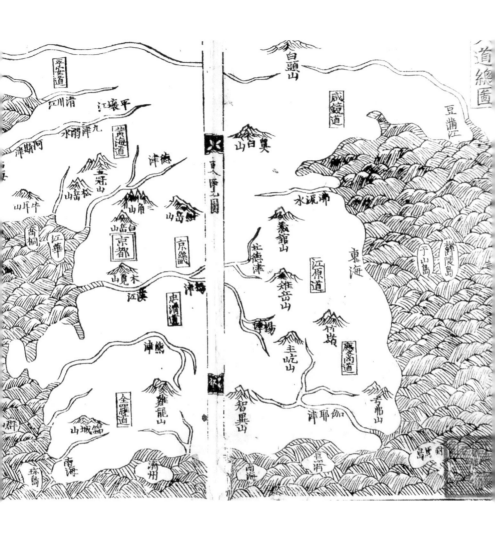

8.1 《동국여지승람》속 한국, 1530년판, 서울대학교 규장각 소장.

되었다. 〈팔도총도〉라는 이름의 이 지도는 외국의 수중에 떨어졌을 때를 대비해 일부러 조잡하게 만들었다. 또한 주요 용도가 의례를 지내는 강이나 산을 강조하는 것이기 때문이기도 했다. 이 지도에는 비록 위치가 서로 바뀌어 있기는 하지만, 아무튼 울릉도와 독도 두 섬이 기록되어 있다. 동해라는 지명은 이 두 섬의 바로 서쪽에 적혀 있다. 이 지도는 개략적이면서 또한 회화적이기도 하다. 동해라는 단어를 사용한 초창기 모습을 보여 준다. 조선은 그 섬들에 합법적인 통치권을 갖고 있었으므로, 그 섬들을 둘러싼 바다에도 이름을 붙인 것이다. 그것이 바로 동해다. 이와 대조적으로, 일본의 공식 통치권은 그들의 해안에서 멀리 벗어나지 못했으며, 따라서 아주 먼 바다는 차라리 공백으로 나타냈다. 이따금 자기네 해안에서 가까운 바다를 가리켜 일본해의 변종이라 주장하지만, 19세기까지 그들의 지도는 대체로 한국과 일본 사이의 바다를 가리켜 조선해라는 단어를 사용했다.

서양의 탐험가, 상인, 선교사 들은 다양한 이름을 사용했다. 그들은 '동방의 바다Oriental Sea'라는 표현을 주로 사용했는데, 이는 1500년 전에 프톨레마이오스가 썼던 말을 이어 쓴 것이다. 그 외에도 한국해Sea of Korea(Korea 대신 Corea, Corée 등이 사용되기도 했다), 동쪽 바다Eastern Sea, 중국해Sea of China, 일본해Sea of Japan 등의 이름이 사용되었다. 이 이름들은 자유분방하게 사용되었다. 여러 지도에서 여러 지명에 적용되었으며, 지도 제작상의 기준은 존재하지 않았다. 기욤 드릴Guillaume Delisle(1675~1726)

의 1705년 아시아 지도는 동방의 바다Mer Orientale와 한국해Mer de Corée라
는 이름을 병용했다. 16세기부터 18세기까지는 한국해라는 표현이 주를
이루었다. 예를 들자면, 로버트 더들리Robert Dudley가 1646년부터 1647
년까지 제작한 아시아 지도에는 한국해Mare di Corai가 쓰였으며, 이매뉴
얼 보엔Emanuel Bowen(1694~1767)의 1754년 아시아 지도는 간단하게 한
국해Sea of Korea라 했다. 존 시넥스John Senex(1678~1740)가 1720년 런던에
서 발행한 아시아 지도에는 동쪽 바다Eastern Sea와 한국해Corea Sea가 명확
히 사용되었다. 이 지도는 일본의 영토를 치밀하게 파악했다. 일본의 오
키Oki(지도에는 Oqui라고 적혀 있다)라는 섬까지 똑똑히 표현했기 때문이다. 그
런데 그 바다는 여전히 동쪽 바다 혹은 한국해라고 적혀 있다.

　다른 경우도 있다. 일본과 매우 긴밀한 관계에 있던 네덜란드에서
는, 다른 유럽 열강 특히 영국에 비해 일본해라는 이름을 쓰는 경향이 강
했다. 쿡 선장이 1778년과 1779년에 제작하고 윌리엄 페이든William Faden
(1749~1836)이 1794년 런던에서 출판한 〈미국 북서쪽과 아시아 북동쪽의
해도〉에는 한국만Gulf of Corea이라는 단어가 사용되었다. 또한 이 지도엔
한국의 섬인 울릉도와 일본의 섬인 오키가 뚜렷이 나와 있다(도판 8.2 참조).
앨런W. H. Allen이 1844년 런던에서 제작한 지도는 동해Tong-Hae 혹은 동쪽
바다Eastern Sea라는 단어를 사용했다. 이 단어들이 사용된 범위는 서던캘
리포니아 대학교University of Southern California 도서관의 한국해도자료실Sea
of Korea Map Collection에서 확인할 수 있다. 또한 서던캘리포니아 대학교 도

8. 2  쿡 선장의 〈미국 북서쪽과 아시아 북동쪽의 해도〉 부분, 1794년판, 미국의회도서관 소장

서관 웹사이트(http://digitallibrary.usc.edu/search/controller/collection/seakorea-m1.
html)에서는 172장의 지도를 제공한다.

18세기 말까지 그 바다에 이름을 붙인 일본 지도는 극히 드물다. 일본의 지도 제작에서 나타나는 국수성國粹性은 자기네 영토를 벗어난 지역에 대한 묘사가 거의 없음을 의미한다. 19세기 일본의 수많은 지도에는 조선해Sea of Joseon의 변형들이 나타났다. 다카하시 가게야스高橋景保(1785~1829)의 1809년 일본 지도와 1810년 〈신정만국전도新訂萬國全圖〉, 하시모토 교큐란사이橋本玉蘭齊의 1870년 지도 그리고 호리우치 나오타다의 1885년 세계지도 등이 그 예다. 다케다 간고의 지도 같은 일부 지도만 일본해Sea of Japan라는 표현을 썼고, 다른 대부분의 일본 지도는 일본해Sea of Japan와 조선해Sea of Joseon를 병용했다. 구리하라 신조의 1838년 지도, 교큐란사이의 〈관허대일본사신전도官許大日本四神全圖〉 등이 대표적이다. 19세기 말까지 대부분의 일본 지도에 나타나는 공통된 특징은, 두 나라 사이의 큰 바다에 조선해라는 이름을 붙인 반면, 일본 해안의 동쪽 바다를 지칭할 때에만 일본해라는 이름을 썼다는 점이다. 일본의 지도 제작자 구리하라 노부아키는 1848년 양반구 세계지도를 만들었다. 이 지도에서 양국 사이 바다는 한국해Sea of Korea라 칭해졌다. 대일본해Sea of Great Japan라는 말은 태평양을 가리킬 때 사용되었다. 그러나 일본의 제국주의와 군국주의가 정점을 찍던 19세기 말이 되자, 일본의 모든 지도와 지구본은 한국과 일본 사이 바다에 일본해를 사용했다. 일본에서 동해라는

단어를 마지막으로 사용한 지도는 1894년에 발행되었다. 1894년의 청일
전쟁에서 일본이 승리를 거둔 직후, 일본 지도들은 동해를 동중국해East
China Sea로 대체하기 시작했고, 종국에는 그 단어를 완전히 배제시켰으며
오직 일본해만이 한국과 일본 사이의 바다를 의미하는 말이 되었다. 한
국의 이름은 지워지고 일본해로 대체된 것이다. 1910년의 한일병합은 이
새로운 이름을 확정했다.

　　19세기 말, 일본해는 이제 유럽과 미국의 지도나 지도책에서도 한
국해 대신 사용되기 시작했다. 일본은 특정 지역의 지정학적 강대국으로
서, 또한 주변 바다에 이름을 붙일 권리를 국제적으로 인정받는 강자로
서 국제무대에 입장했다. 예를 들어, 콜튼Colton의 1885년 아시아 지도와
랜드맥널리Rand McNally의 1895년 아시아 지도에 일본해Japan Sea가 사용
되었다.

　　일본의 한국 병합으로 인해, 그 바다는 일본이라는 식민주의 강대
국이 붙여 준 이름만 갖게 되었다. 국제수로국International Hydrographic Or-
ganization의 모나코 회의에서 펴낸 권위 있는《해양과 바다의 경계Limits of
Oceans and Seas》에서 일본해라는 표현을 사용했을 당시 한국은 일본에 점
령당하고 있었다. 일본해라는 명칭이 일본의 식민 통치가 끝난 1945년
이후에도 계속 사용된 것은 1929년 회의에서 표준으로서의 합법성을 확
보했기 때문이다. 그러나 또 다른 이유도 있다. 제2차 세계대전의 즉각적
인 영향으로, 미국의 지도 제작자들은 일본이 만든 한국 지도에 크게 의

존했고, 이는 지명에서도 마찬가지였다. 〔도판 8.3〕은 1946년 미국이 제작한 지도의 한국 부분에 쓰인 자료를 보여 준다. 일본의 영향이 뚜렷하다. 지도의 작은 조각 속에서 보이다시피, 모든 한국어 지명 곁에는 일본어 지명이 분명히 존재한다. 〔도판 8.4〕는 1951년 미국에서 만든 25만분의 1 격자무늬(경위선) 한국 지도다. 이 지도는 한국의 동쪽 바다까지 다루고 있다. 그리고 분명히 일본식 이름을 그대로 사용하고 있다. 미국은 한국과 그 일대에 관한 군사지도와 상업지도를 모두 제작했는데, 그 과정에서 일본 지도와 일본어 지명을 무턱대고 사용했다. 한국 내의 지명은 금세 원래의 한국어 지명으로 돌아갔지만, 19세기 후반 일본의 우세에 의해 강화되고, 1929년 국제회의를 통해 형성되고, 전후戰後 미국의 한국 지도 제작에 남긴 일본의 영향으로 인해 재차 강화된, 일본해라는 명칭은 그대로 남았다.

간단히 말해서, 수세기에 걸쳐 한국인들이 이 바다를 동해라고 불러온 반면, 일본해라는 단어가 사용된 것은 고작 19세기 후반부터의 일이다. 그것은 그 지역의 원래 이름이 아니라 나중에 일본이 채택한 유럽식 이름이었고, 한국해를 대신해 쓰거나 혹은 함께 썼다. 식민 점령 행위의 일환으로, 일본은 지명을 바꿀 수 있었고, 이 지명은 일본이 한국을 점령하고 있던 때의 국제협약에 의해 표준화되고 미국이 일본어 지명을 채택하면서 강화되었다.

1992년 뉴욕 유엔 본부에서 열린 제6차 지명표준화회의에서, 한국

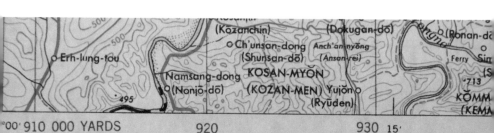

.M.S. L551
First Edition (AMS 1), 1944.
Type F (AMS 2), 1946.

Prepared under the direction of the Chief of Engineers by the Army Map Service (AMPT), U. S. Army,
ngton, D. C. Compiled in 1945 from Korea 1:50,000, Japanese Imperial Land Survey, 1917-18;
:20,000, Japanese Imperial Land Survey, Chasong, 1921, Kanggye, 1928; Manchuria 1:500,000, Ja
mperial Land Survey, Huai-jen, 1936, Hailu, 1936; Atlas of Japan, Z. Obuchu, editor, 1940; Communi
Map of Korea, 1:700,000, Korean General Staff, 1943. Planimetric detail partially revised from
hotography dated 1944-45 by photo-planimetric methods. Miscellaneous detail added from Intel
reports. Korean place names transcribed according to the McCune-Reischauer System; Names app
parentheses are Japanese and transcribed according to the Modified Hepburn (Romaji) System. C
lace names transcribed according to the Modified Wade-Giles System.

8.3  미국이 만든 지도 속 한국 설명 부분, 1946년.
미국지리학협회도서관 소장.

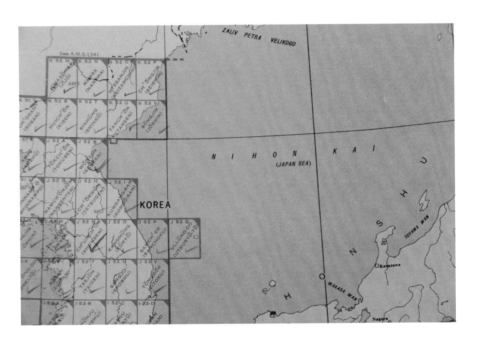

8.4 색인도, 1951년, 미국지리학협회도서관 소장.

정부 대표들은 동해 문제를 제기했다. 남한은 1991년에야 비로소 유엔의 일원이 되었다. 2007년 한반도의 두 국가는 제9차 지명표준화회의에서 함께 프레젠테이션을 했다. 북한은 한국동해East Sea of Korea라 부르자고 주장했다. 북한 지도들은 익히 황해Yellow Sea라 알려진 바다를 한국서해West Sea of Korea라 표기하는 것과 마찬가지로 한국동해라는 표현을 사용한다. 남한의 요청은 그리고 정부의 공식 입장은 동해와 일본해를 모두 사용하는 이중적 시스템이다.

이중 지명은 패권 시대와 식민지 시대의 일본해에 비하자면 탈식민지적 해결책이다. 이중 지명의 탈근대적 유연성은 현 세계에서 보편적이다. 영국 남부와 프랑스 북부 사이의 해협에 대해 영국해협English Channel과 라망슈La Manche를 동시에 표기하는 것이 그 증거다. 동해와 일본해의 병기倂記는 적절하고, 공정하고, 역사적으로 정확한 해결책으로 보이는 동시에 식민지 이전의 이름도 반영하고 있다. 1750년 프랑스 왕실의 지도 제작자 로베르 드 보공디Robert de Vaugondy(1688~1766)는 지도 〈일본왕국L'empire du Japon〉에서 한국의 동쪽 앞바다를 한국해Mer de Corée로, 일본의 앞바다를 일본해Mer du Japon로 표기했다(도판 8.5 참조).

이중 지명을 국제적 표준으로 채택시키려는 한국의 캠페인은 공식적 정부 발표 및 로비부터 종종 동해의 단독 표기를 주장하는 여러 사회운동에 이르기까지, 다양한 형태를 취하고 있다. '다음 세대를 위해'란 웹사이트(www.forthenextgeneration.com)는 자신들이 보기에 오류인 일본해 표기

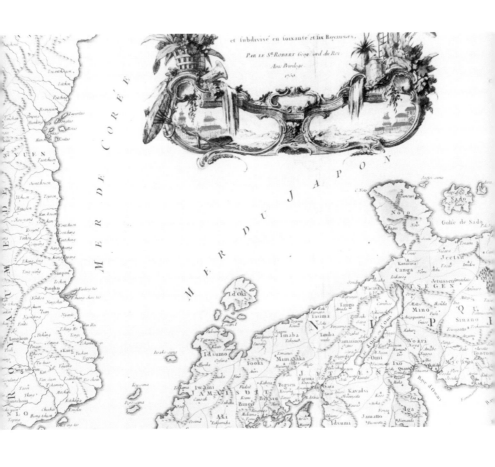

8.5 드 보공디의 〈일본왕국〉 중 한국과 일본, 1750년판, 미국의회도서관 소장.

를 정정한 지도들이 포함된 광고를 정기적으로 게재하고 있다. 이 단체는 2009년 5월 11일 《뉴욕타임스》에, 2009년 8월 12일 《워싱턴포스트》에 일본해 사용을 반박하고 동해의 합법성을 주장하는 지도들을 포함한 전면 광고를 실었다. 이 캠페인은 세계 여론을 성공적으로 환기시켰다. 예를 들어, 《내셔널지오그래픽》은 이제 지도를 실을 때 일본해와 동해의 이중 지명을 사용한다. 이제 그 지역에 관한 지도들은 일본에서 만든 것이 아니라면 이중 지명을 사용하는 경우가 점점 늘고 있다.

우리는 탈식민지 시대를 살고 있으므로, 탈식민지적 정서를 가질 필요가 있다. 세계적으로 과거의 악행에 대한 반성이 이루어지고 있다. 오스트레일리아 정부는 원주민에게 공식적으로 사과했다. 미국에서는 전국의 여러 주 의회와 하원에서 노예제의 비인간성을 사과하는 법안을 가결했다. 세계적으로, 단체와 국가 들은 식민지 정서를 부정하거나 영구화하기보다는 맞대응하는 쪽을 택하고 있다. 이제 세계의 시민들은 특정 국가의 식민지 시절에 대한 정직한 역사적 심판을 시사하거나 요구하고 있다. 그리고 장차 지구촌에서 주도 세력이 되기 위해, 특정 국가와 그 지도자 들은 아직까지도 정책의 길잡이 역할을 하고 있는 식민지 유산을 직시할 필요가 있다. 동해와 일본해의 이중 지명을 인정한다면, 일본은 탈식민지 정서를 환기시키고 더욱 현실적인 세계시민의식을 받아들일 수 있을 것이다. 일본은 자신들의 식민 과거를 인정함으로써 그것을 극복할 수 있고 나아가 세계에서 더욱 영향력 있고 도덕적인 강대국이 될 수 있을 것이다.

# 독도

세 번째 지도 논쟁은 독도의 지도 표기에 관한 것이다. [도판 7.3]으로 돌아가 보면, 동해East Sea라고 적힌 곳의 가운데에 있는 작고 붉은 선을 볼 수 있다. 이 선은 독도를 한국의 영토 안에 아우르고 있다. 이 지역은 남한이 관리하고 있는데 일본이 이의를 제기했다. [도판 8.6]은 2007년의 〈한국의 해양지도Ocean Atlas of Korea〉에 실린 지도에서 이 섬들을 확대시킨 것이다.

일본에서 다케시마라 부르는 독도는 약 33개의 아주 작은 바위로 둘러싸인 작은 바위섬 두 개로 이루어져 있다. 전체 면적은 2제곱킬로미터 미만이다. 이처럼 작은 지역에서, 정치적 열기는 격렬해졌다. 그리고 그 문제의 일부는 지리학에 기반한다. 독도는 한국에서도 일본에서도 꽤 멀리 떨어져 있다. 수세기 동안 양국은 국민이 해변에서 너무 멀리까지 항해하지 못하도록 막아 왔고, 이는 실질적인 통치 범위 끄트머리의 일이었다. 한국의 옛 지도에는 동쪽 바다에 두 섬이 확실히 그려진 경우가 많다. [도판 5.14]를 다시금 주의 깊게 살펴보면, 두 섬이 분명히 그려져 있다. 이 두 섬이 각각 울릉도와 독도라는 해석이 있다. 그것이 사실이라면, 독도와 울릉도는 우산국于山國이라는 하나의 이름으로 512년 신라 왕국에 통합되었다. 또한 930년 고려에 합병되었고 이어서 조선왕조의 일부가 되었다. 이 섬들은 [도판 8.1]에 실린 1530년의 조선 전기 지도에 확실히

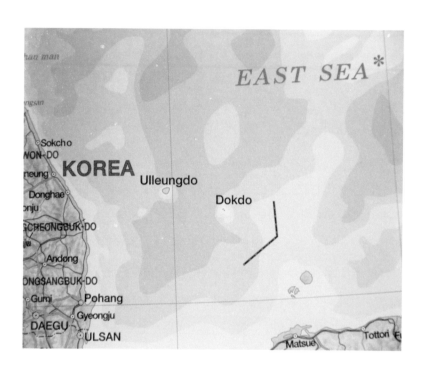

8.6 국립해양조사원의 〈한국의 해양 지도〉 중 동해 부분, 2007년.

그려져 있다. 이 섬들이 비록 조선 영토의 일부이긴 했지만, 언제나 통치의 영역에서 가장 먼 곳에 있었고, 분쟁과 해적의 공격에 시달려야 했다. 1416년부터 1881년까지 조선은 섬을 비우는 정책을 채택했고 그 지역의 정착을 장려하지 않았다. 그러나 17세기 후반 한국과 일본 간의 어로漁撈 분쟁은 일본의 공식적인 관심을 끌게 되었다. 1696년과 1699년 도쿠가와 막부의 관리들은 그 섬들이 본질적으로 한국인에게 양보해야 하는 한국 영토라고 판단했다.

일본의 주장을 지지하는 사람들이 특히 강력하게 제기하는 또 다른 해석에 따르면, 옛 한국 지도의 동쪽 바다에 나타나는 두 섬은 사실 울릉도와 그 동쪽에 이웃한 죽도라는 섬이지 독도가 아니라 한다. 그 이후의 모든 논쟁은 단지 울릉도에 관한 것이지, 울릉도 및 독도에 관한 것이 아니었다. 일부는 그 두 섬이 너무 멀리 떨어져 있으므로, 옛 지도들에 나타나는 그 섬들의 가까움이 독도와 죽도의 혼돈 때문일 것이라고 주장한다. 그러나 이 주장은 설득력이 없다. 이 책 전체에서 나타나듯, 조선의 지도 제작자들은 자신들의 지도에 절대적 공간과 함께 상대적 공간도 활용할 정도의 정교함을 충분히 갖추고 있었다. 그러나 여러 지도와 자료에 나타나는 독도와 울릉도 그리고 그 근처의 섬들을 둘러싼 혼란은 지도상의 기록을 완벽하지 못한 것으로 만들었다.

한국인에게, 독도에 대한 그들의 주권은 어디까지나 명확할 뿐 결코 애매하지 않다. 이와 반대로, 제국주의 일본에서 독도는 무주지無主地

였다. 1868년 일본의 팽창주의 정부는 영토 문제에서 보다 공격적인 태도를 새로 취하기 시작했다. 1905년 일본 시마네島根 현의 지방정부는 독도/다케시마를 일방적으로 자신들 영내에 편입시켰다. 일본은 그 섬이 아무에게도 소유권이 없다고 하거나, 아예 늘 일본의 영토였다고 주장했다. 그 섬의 일본인 벌목공과 어부에 관한 17세기 말과 19세기 초 한국 자료들에 기반한 보고서들이 있다. 하지만 독도는 일제 팽창주의의 일환으로 병합된 1905년까지 한국의 주권 아래 있었다. 독도 병합은 언제나 위험 요소를 갖고 있었다. 당시 일본 관리들은 얻을 게 극히 적은 이 행동이 한국에 대한 일본의 의도에 관한 국제적인 의심을 사게 되지 않을까 염려했다. 다른 관리들은 악화 일로를 걷고 있는 국제 정세를 감안했을 때, 외국 선박들을 감시할 기지를 만드는 것이 중요하다고 주장했다. 병합 결정은 역사에 관련한 주장보다는 당시의 계획적인 지정학적 힘겨루기로 이루어졌다. 1910년 일본이 한국을 병합한 이후, 한국의 모든 영토가 일본의 지배하에 놓였으므로, 그 섬의 소유권에 관한 법률상의 문제도 자연히 의미가 없어졌다.

1945년 일본이 연합국에게 패배함으로써, 식민 지배를 통해 획득한 영토의 소유권은 무효화되었다. 특히 연합국은 1946년 그 섬들에 대한 일본의 지배권을 박탈했다. 그런데 바로 이때부터 상황이 애매해지기 시작했다. 일본이 그 섬들의 주권이 애매한 상태로 남도록 샌프란시스코 평화조약에 영향력을 행사하는 데 성공한 것이다. 그에 따라 조약의 초안에는 모순된 결론이 남게 되었다. 또 대통령 이승만이 한국의 독도 소유권을 얻어 내는 데 실패함으로써 한국의 주장은 약화되었다. 그 대신 그가 집착한 것은 쓰시마 섬에 대한 한국의 소유권을 주장하는 터무니없는 일이었다. 아무튼 자신들의 주장을 강화하기 위해, 남한은 1954년 독도에 등대를 설치했고 그 이후 실질적으로 그곳을 통치해 왔다. 1982년 그 섬은 민족문화유산-천연기념물로 선정되었고, 2003년에는 남한의 우편번호가 붙게 되었다. 오늘날에도 독도는 실질적으로 한국의 관할에 있다.

한일 관계가 발전했는데도 독도 문제는 여전히 풀리지 않고 있다. 이 문제는 일본의 민족주의 정치가들, 특히 강력한 민족주의 이미지를 빛내고 싶어 하는 정치가들을 위한 자동차 경주용 플랫폼처럼 사용되고 있다. 2005년 일본의 시마네 현이 '다케시마의 날'을 선포했을 때, 한국에서는 대중집회와 시위가 일어났다. 일본과 남한 양국 모두 그 섬의 소유권을 주장했지만, 엄연한 현실은 독도가 사실상 남한의 통제하에 남아 있다는 것과 일본이 침공해 올 가능성은 거의 없다는 것이다. 이 문제는 그저 단순한 정치적 태도의 문제가 아니다. 풍부한 어획량과 귀중한 가스하이드레이트gas hydrate*의 존재는 치열한 소유권 경쟁이 경제적 연관성까지 갖도록 만들고 있다. 이 조그마한 섬들이 배타적 경제수역을 200마일까지 확장할 기회를 제공할 수 있기 때문이다.

* 천연가스가 물과 결합해 형성된 고체 에너지원.

독도는 양국의 맨 가장자리라는 까다로운 지역에 있다. 한국 본토에서는 135마일, 일본에서는 150마일 거리다. 가장 가까운 섬들은 98마일 떨어진 일본의 오키 섬과 단 54마일밖에 떨어지지 않은 한국의 울릉도. 역사상 사람이 산 적이 거의 없으며, 오늘날에도 독도에는 문어잡이 부부 단 두 주민만 살고 있다. 독도는 지도상에서 복잡한 공간을 차지하고 있는 것이다. 한국의 주장은, 실질적으로는 아니더라도 법률상으로 한국의 소유권을 증명하는 것으로 보이는 옛 지도와 문서의 뒷받침을 받고 있다. 일부는 그 두 섬이 너무 멀리 떨어져 있으므로, 옛 지도들에 나타나는 그 섬들의 가까움이 독도와 죽도의 혼돈 때문일 것이라고 주장한다. 간단히 말하자면, 일본 지도들에 나타나는 기록이 한국의 주권을 확증하거나 아예 독도가 생략되어 있는 반면, 한국 지도들은 독도가 한국 소유임을 암시하고 있다.

또한 이 섬은 한국과 일본 사이의 복잡하고 애매한 공간을 차지하고 있다. 이 섬에 대한 일본의 주장은 자신들의 식민지 팽창주의 시대에 근거하는데, 이는 탈식민지 세상에서 전혀 강점을 갖지 못한다. 그런데 일본에 있어, 독도의 소유권이나 동해/일본해의 이름을 둘러싼 지도상의 논쟁은 국가적 위신이라는 문제로 변질된 식민 시대의 유산과 연결되어 있다. 이 두 사안 모두 현재 정세상 그들에게 불리하다. 동해/일본해의 병용이 점점 선호되고 있으며, 독도는 분명히 한국 소유다. 한국인에게 이름 논쟁과 독도는 극복하고 싶은 식민지 역사의 대표적 찌꺼기들이다. 19세기 후반에 관한 세계 의식이 변하는 가운데, 한국인은 동해/일본해의 이름과 독도 소유권에 관한 세계 여론에 많은 영향력을 행사하고 있다. 이는 최근 세계 도처에서 출판된 다양한 세계지도책을 통해 입증된다. 더링 킨더슬리Dorling Kindersley, 갈리마르Gallimard, 하퍼콜린스HarperCollins, 내셔널 지오그래픽National Geographic, 피어슨Pearson, 필립스Philip's, 랜드맥널리Rand McNally, 더 타임스the Times, 옥스포드 대학교 출판부Oxford University Press, 웨스터만Westermann 등이 모두 동해/일본해를 병용하고 있다.

　지금 지도상의 논쟁에서 재밌는 점은 옛 지도들이 역사 자료로 끝없이 중요하게 사용된다는 것이다. 한국의 주장이나 일본의 주장 모두 옛 지도들과 오래전에 죽은 지도 제작자들에 대한 언급으로 가득하다. 인터넷에서 두 이름을 검색해 보면 지도 제작의 역사가 그 논쟁에서 담당하는 중요한 역할에 깜짝 놀랄 것이다. 옛 지도책과 해도 들이 각각의 주장을 지지하기 위해 펼쳐졌다. 그러나 지도는 끝없이 의미가 수정되고 그들의 주장에서 신뢰할 수 있다는 예상이 존재한다. 그러나 지도는 믿을 수 없는 증인이다. 지도에 적힌 이름들은 가장 심사숙고된 유동적이고, 논란의 여지가 있고, 혼성적인 것들이다. 그것들은 끊임없이 몇 년 차이로 위치도 변하고 의미도 변한다. 그것들은 단일한 의미에 확고히 고정되어 있거나 특정 지역에 딱 맞춰진 불변의 표현이 아니다. 강력한 논거로 삼기에는 너무 가변적이다. 이 책을 시작할 때 했던 말을 다시 하는 것으로 이야기를 끝맺고 싶다.

지도는 단순한 기술적 구조물이 아니다. 우리에게 사회에 관한 많은 것을 들려주는 자료다. 지도는 다양한 의미를 갖는다. 지도는 실용적인 것 외에 장식 용도로도 사용된다. 또한 상징적 중요성과 사상적 토대도 지닌다. 지도는 기술 진보, 사회 발전, 정치 갈등 등을 형상화한 세계의 그림이다. 지도는 복잡한 존재다. 물질적인 것이자 사회적 자료며, 전문 서적이자 실용 도구다. 단순한 영역의 표현 이상으로, 그것은 정치적 주장이며, 사회적 논의이고, 복잡하면서도 단순한 담론이다. 지도는 다양한 용도로 쓰이는 그리고 다양한 독자들이 읽는 복잡한 문서다.

복잡한 역사적 지도 논쟁 속에서 지도는 슬쩍 보여 주는 안내자이며, 전통의 발명품이자 미래의 생산품이고, 유연하고 창의적인 사고에 도움을 준다. 지도가 진실을 보여 주지는 않는다.

## 참고문헌

Agata, A. N. 2005. "American Missionaries in Korea and U.S.-Japan Relations." *Japanese Journal of American Studies* 16:159-78.

Ahn, H.-J. 2008. "Early Cartography and Painting." In *The Artistry of Early Korean Cartography*, edited by Y.-W. Han, H.-J. Ahn, and W.-S. Bae, 133-55. Larkspur, CA: Tamil Vista Publications.

Bae, W.-S. 2008. "Joseon Maps and East Asia." *Korea Journal* 48:46-78.

Bagrow, L. 1958. *The Atlas of Siberia by Semyon Remezov*. The Hague: Mouton.

Baker, D. 2003. *Living Dangerously in Korea: The Western Experience, 1900-1950*. Norwalk, CT: Eastbridge.

Bassin, M. 1999. *Imperial Visions: Nationalist Imagination and Geographical Expansion in the Russian Far East, 1840-1865*. Cambridge: Cambridge University Press.

Bergreen, L. 2003. *Over the Edge of the World*. New York: Morrow.

Berry, M. E. 2007. *Japan in Print: Information and Nation in the Early Modern Period*. Berkeley: University of California Press.

Blusse, L. 2008. *Visible Cities: Canton, Nagasaki and Batavia and the Coming of the Americans*. Cambridge, MA: Harvard University Press.

Broughton, W. 1804. *A Voyage of Discovery to the North Pacifi c Ocean*. London: Cadell and Davis.

Chang, M. M. 2003. *China in European Maps*. Hong Kong: Hong Kong University of Science and Technology Library.

Cheong, S., and L. Kihan. 2000. "A Study of 16th-Century Western Books on Korea: The Birth of an Image." *Korea Journal* 40:244-83.

Choe, Y. 2005. *Land and Life: A Historical Geographical Exploration of Korea*. Fremont, CA: Jain.

Chong, H. 1973. Kim Chong-ho's Map of Korea. *Korea Journal* 13:37-42.

Dalrymple, A. 1769. *A Plan for Extending the Commerce of This Kingdom and of the East-India-Company*. London: J. Nourse and T. Payne.

De Medina, J. G. R. 1991. *The Catholic Church in Korea: Its Origins, 1566-1784*. Rome: Istituto Storico.

Dunch, R. 2002. "Beyond Cultural Imperialism: Cultural Theory, Christian Missions and Global Modernity." *History and Theory* 39:301-25.

Dunmore, J., ed. 1994. *The Journal of Jean-Francois de Galaup, Comte de La Perouse, 1785-1788*. London: Haklyut Society.

Fry, T. H. 1973. "The Commercial Ambitions behind Captain Cook's Last Voyage." *New Zealand Journal of History* 7:186-91.

Haboush, J. K. 2009. "Creating a Society of Civic Culture: The Early Joseon, 1392-1592." In *Art of* the *Korean Renaissance*, 1400 – 1600, edited by S. Lee, 1 – 17. New Haven, CT: Yale University Press and Metropolitan Museum of Art.

Han, Y.-W. 2008. "A Korean Map in the Possession of the National Library of France." In *The Artistry of Early Korean Cartography*, edited by Y.-W. Han, H.-J. Ahn, and B.-W. Sung, 159 – 83. Larkspur, CA: Tamil Vista Publications.

Han, Y.-W., H.-J. Ahn, and B.-W. Sung, eds. 2008. *The Artistry of Early Korean Cartography*. Larkspur, CA: Tamil Vista Publications.

Harley, J. B. 2002. *The New Nature of Maps: Essays in the History of Cartography*. Baltimore: Johns Hopkins University Press.

Hong, G.-B. 2009. *The National Atlas of Korea*. Suwon, South Korea: National Geographic Information Institute/ Ministry of Land, Transport and Maritime Aff airs.

Hostetler, L. 2001. *Qing Colonial Enterprise: Ethnography and Cartography in Early Modern China*. Chicago: University of Chicago Press.

———. 2009. Contending Cartographic Claims? The Qing Empire in Manchu, Chinese and European Maps. In *The Imperial Map: Cartography and the Mastery of Empire*, edited by James R. Ackerman, 93 – 132. Chicago: University of Chicago Press.

Jeon, J. H. 2008. "Spatial Consciousness Represented in Provincial Maps from the Late Joseon Period. *Korea Journal* 48:106 – 34.

Kang, S. 2008. Frontier Maps from the Late Joseon Period and the Joseon People's Perceptions of the Northern Territory. *Korea Journal* 48:80 – 105.

Kivelson, V. 2006. *Cartographies of Tsardom: The Land and Its Meaning in Seventeenth-Century Russia*. Ithaca, NY: Cornell University Press.

Ledyard, G. 1994. "Cartography in Korea." In The History of Cartography, vol. 2, bk. 2, *Cartography in the Traditional East and Southeast Asian Societies*, edited by J. B. Harley and D. Woodward, 235 – 345. Chicago: University of Chicago Press.

Lee, C. (1977) 1991. *Old Maps of Korea*. Seoul: Korean Library Science Research.

Livingstone, D., and C. Withers, eds. 2000. *Geography and Enlightenment*. Chicago: University of Chicago Press.

Mackay, A. L., et al. 1975. "Kim Su- hong and the Korean Cartographic Tradition." *Imago Mundi* 27:27 – 38.

McCune, S. 1978. "Old Korean Hand Atlases." *Map Collector*, September, 31 – 36.

———. 1982. *Annotated Catalogue of Korean Atlases and Maps in the Library of Congress*. Washington, DC: Library of Congress.

Milton, G. 1999. *Nathaniel's Nutmeg, or The True and Incredible Adventures of the Spice Trader Who Changed the Course of History*. New York: Farrar, Straus and Giroux.

Nakamura, N. 1947. "Old Chinese Maps Preserved by the Koreans." *Imago Mundi* 4:3 – 22.

Needham, J. 1959. *Science and Civilization in China. Vol. 3, Mathematics and Sciences of the*

*Heavens and the Earth*. Cambridge: Cambridge University Press.

Oh, S. H. 2008. "Circular World Maps of the Joseon Dynasty: Their Characteristics and World View." *Korea Journal* 48:8–45.

Olshin, B. B. 1996. "A Sixteenth Century Portuguese Report concerning an Early Javanese World Map." *Historia, Ciencias, Saude-Manguinhos* 2:97–104.

Parker, C. H. 2010. *Global Interactions in the Early Modern Age(1400–1800)*. Cambridge: Cambridge University Press.

Potter, S. 2001. "The Elusive Concept of 'Map': Semantic Insights into the Cartographic Heritage of Japan." *Geographical Review of Japan* 74:1–14.

Raj, K. 2007. *Relocating Modern Science: Circulation and the Construction of Knowledge in South Asia and Europe, 1650–1900*. New York: Palgrave Macmillan.

Richter, A. 1952. *Selections from the Notebooks of Leonardo da Vinci*. Oxford: Oxford University Press.

Robinson, K. R. 2007. "Choson Korea in the Ryukoku Kangnido: Dating the Oldest Extant Korean Map of the World(15th Century)." *Imago Mundi* 59:177–92.

Said, E. 1978. *Orientalism*. New York: Pantheon.

Sato, M. 1996. "Imagined Peripheries: The World and Its People in Japanese Cartographic Imagination." *Diogenes* 173:119–45.

Savenije, H. 2009. *Korea through Western Cartographic Eyes*. Available online at http://www.cartography.henny-savenije.pe.kr/index.htm(accessed December 20, 2009).

Schama, S. 1987. *The Embarrassment of Riches: An Interpretation of Dutch Culture in the Golden Age*. New York: Knopf.

Schmid, A. 2000. "Looking North toward Manchuria." *South Atlantic Quarterly* 99:219–40.

———. 2002. *Korea between Empires, 1895–1919*. New York: Columbia University Press.

Scott, J. C. 1999. *Seeing Like a State: How Certain Schemes to Improve the Human Condition Have Failed*. New Haven, CT: Yale University Press.

Short, J. R. 2000. *Alternative Geographies*. Harlow, UK: Pearson.

———. 2004. *Making Space*. Syracuse, NY: Syracuse University Press.

Short, J. R., and K.-S. Lee. 2010. "Postcolonial Namings in the Immediate Aftermath of the Second World War." Paper presented to Annual Conference of Association of American Geographers. Washington, DC, April 15.

Smith, R. J. 1996. *Chinese Maps: Images of "All under Heaven."* Oxford: Oxford University Press.

Thrower, N., and Y. Kim. 1967. "Dong-Kook-Yu-Ji-Do: A Recently Discovered Manuscript of a Map of Korea." *Imago Mundi* 21:30–49.

Tolmacheva, M. 2000. "The Early Russian Exploration and Mapping of the Chinese Frontier." *Cahiers du Monde Russe* 41:41–56.

Tyacke, S. 2008. "Gabriel Tatton's Maritime Atlas of the East Indies, 1620–1621: Portsmouth Royal

Naval Museum Admiralty Library Manuscript, MSS 352." *Imago Mundi* 60:39 – 62.

Walker, B. L. 2007. "Mamiya Rinzo and the Japanese Exploration of Sakhalin Island: Cartography and Empire." *Journal of Historical Geography* 33:283 – 13.

Walravens, H. 1991. "Father Verbiest's Chinese World Map, 1674." *Imago Mundi* 43:31 – 47.

Walter, L. ed. 1994. *Japan: A Cartographic Vision*. Munich: Prestel.

Yonemoto, M. 2003. *Mapping Early Modern Japan: Space, Place and Culture in the Tokugawa Period(1603 – 1868)*. Berkeley: University of California Press.

Young, R. D. 2003. "Treaties, Extraterritorial Rights and American Protestant Missionaries in Late Joseon Period." *Korea Journal* 43:174 – 203.

## 더 읽을거리

### 조선의 지도 제작

Han, Y.-W., H.-J. Ahn, and W.-S. Bae. 2008. *The Artistry of Early Korean Cartography*. Larkspur, CA: Tamil Vista Publications.

Ledyard, G. 1994. "Cartography in Korea." In *The History of Cartography*, vol. 2, bk. 2, edited by J. B. Harley and D. Woodward, 235 – 345. Chicago: University of Chicago Press.

### 한국 지리학에 관한 다른 연구

Bae, W.-S. 2008. "Joseon Maps and East Asia." *Korea Journal* 48:46 – 78.

Choe, S. 1998. "Tokdo in Old Maps." *Korea Observer* 29:187 – 203.

Chong, H. 1973. "Kim Chong-ho's Map of Korea." *Korea Journal* 13:37 – 42.

Daniels, M. 1977. "Maps and Cartography in Ancient Korea." *Korea Journal* 17:59 – 63.

Han, Y. 1995. "The Historical Background of the Production of Old Maps." *Seoul Journal of Korean Studies* 8:69 – 84.

Hesselink, N. 2004. "Landscape and Soundscape: Geomantic Spatial Mapping in Korean Traditional Music." *Journal of Musicological Research* 23:265 – 88.

Hur, Y. 1990. "Choson Dynasty Maps of Seoul." *Korea Journal* 30:21 – 35.

Kane, D. 2003. "The Inscrutable Father of Korean Cartography." *Exploring Mercator's World* 8:30 – 37.

Jeon, S. 1974. *Science and Technology in Korea: Traditional Instruments and Technologies*. Cambridge, MA: MIT Press.

Kim, S. 2000. "A Study on the Historical Geography of East Sea." *Journal of Business History* 1:43 – 56.

Ledyard, G. 1991. "The Kangnido: A Korean World Map, 1402." In *Circa 1492: Art in the Age of Exploration*, edited by Jay A. Levenson. New Haven, CT: Yale University Press.

Lee, C. 1972. "Old Maps of Korea: Historical Sketch." *Korea Journal* 12:4 – 14.

――. (1977) 1991. *Old Maps of Korea*. Seoul: Korean Library Science Research.

Lee, K., S. Kim, and Jung-chul Soh. 2002. *East Sea in World Maps*. Seoul: Society for East Sea.

Mackay, A. L. 1975. "Kim Su-hong and the Korean Cartographic Tradition." *Imago Mundi* 27:27 – 38.

McCune, S. 1977. "World Maps by Korean Cartographers." *Journal of Social Sciences and Humanities* 45:1 – 8.

――. 1980. "The Korean Cartographic Tradition, Its Cross-Cultural Relations." *In Papers of the First International Conference on Korean Studies*, 724 – 70. Seoul: Academy of Korean Studies.

――. 1983. "Korean Maps of the Yi Dynasty." *Korean Culture* 4:21 – 31.

――. 1990. "The Chonha Do: A Korean World Map." *Journal of Modern Korean Studies* 4:1 – 8.

Park, C.-S. 2008. "Mapping the World: The Joseon Worldview as Seen through Old Maps. *Korea Journal* 48:5 – 7.

Robinson, K. R. 2007. "Choson Korea in the Ryukoku Kangnido: Dating the Oldest Extant Korean Map of the World (15th Century)." *Imago Mundi* 59:177 – 92.

Savenije, H. 2000. "Korea in Western Cartography." *Korean Culture* 21:4 – 19.

Society for East Sea. 2004. *East Sea in Old Western Maps with Emphasis on the 17 – 18th Centuries*. Seoul: Society for East Sea and Korean Overseas Information Service.

Stephenson, F. R. 1994. "Chinese and Korean Star Maps and Catalogs." In *The History of Cartography, vol. 2, bk. 2, Cartography in the Traditional East and Southeast Asian Societies*, edited by J. B. Harley and D. Woodward. Chicago: University of Chicago Press.

Thrower, N., and Y. Kim. 1967. "Dong-Kook-Yu-Ji-Do: A Recently Discovered Manuscript of a Map of Korea." *Imago Mundi* 21:30 – 49.

Yi, P. 1960. "The Impact of the Western World on Korea in the 19th Century." *Journal of World History* 5:957 – 74.

Yoon, H. 1992. "The Traditional Standard Korean Maps and Geomancy." *New Zealand Map Society Journal* 6:3 – 9.

아시아의 지도 제작과 한국이 나타난 지도

Harley, J. B. and D. Woodward, eds. 1994. *The History of Cartography*. Vol. 2, bk. 2, Cartography in the *Traditional East and Southeast Asian Societies*. Chicago: University of Chicago Press.

Needham, J., and W. Ling. 1959. *Science and Civilization in China. Vol. 3, Mathematics and Sci-*

*ences of the Heavens and the Earth.* Cambridge: Cambridge University Press.

Smith, R. J. 1996. *Chinese Maps: Images of "All under Heaven."* Oxford: Oxford University Press.

Wallis, H. 1965. "The Infl uence of Father Ricci on Far Eastern Cartography." *Imago Mundi* 19:38 - 45.

한국의 비판적 지리학에 관한 연구

Tangherlini, T. R., and S. Yea, eds. 2008. *Sitings: Critical Approaches to Korean Geography.* Honolulu: University of Hawaii Press.

한국의 고지도 이미지가 있는 웹사이트

Korea as seen through Western cartography: http://www.cartography.henny-savenije.pe.kr/.

Old maps of Asia: http://www.maphistory.info/imageasia .html.

A selection of Korean atlases: http://memory.loc.gov/cgibin/query/r?ammem/gmd: @FIELD(SUBJ + @ band(+Korea + +Maps + +Early +works +to +1800 + +)). The University of Southern California Library Collection of maps from 1606 to 1895 that focuses on the East Sea/Sea of Japan issue: http://digitallibrary.usc.edu/search/ controller/collection/seakorea-m1.html Japanese perspectives: http://dbs.library.tohoku.ac.jp/gaihozu/.

There are a number of websites devoted to the Korean War. The US Army Center of Military History has a good collection of war maps: http://www.history.army .mil/BOOKS/MAPS.HTM.

For more recent cartographic images of North and South Korea see: http://www .nkecon watch. com/north-korea-uncovered-google-earth/and also http://atlas.ngii.go.kr/english/.